SERMO VULGARIS LATINUS

VULGÄRLATEINISCHES LESEBUCH

ZUSAMMENGESTELLT
VON
GERHARD ROHLFS

DRITTE,
VERBESSERTE UND ERWEITERTE AUFLAGE

MAX NIEMEYER VERLAG TÜBINGEN 1969

1. Auflage 1951
2. Auflage 1956

991325

SODALI ET AMICO
GUNNAR TILANDER
GRATO ANIMO ET MEMORI MENTE

ROHLFS / SERMO VULGARIS LATINUS

SAMMLUNG KURZER LEHRBÜCHER
DER ROMANISCHEN SPRACHEN
UND LITERATUREN

BEGRÜNDET VON KARL VORETZSCH

HERAUSGEGEBEN
VON
GERHARD ROHLFS

13
GERHARD ROHLFS
SERMO VULGARIS LATINUS

MAX NIEMEYER VERLAG TÜBINGEN 1969

Vorwort zur ersten Auflage (1951)

Nachdem das *Vulgärlateinische Übungsbuch* von Fr. Slotty (Bonn 1918)[1] seit langem vergriffen ist, will diese Auswahl aus vulgärlateinischen Texten für den Universitätsunterricht Proben aus denjenigen Denkmälern zusammenfassen, die in besonderem Maße charakteristische Merkmale der vulgären Sprachentwicklung enthalten. Die vorliegende Auswahl umfaßt Texte aus neun Jahrhunderten. Diese sind so ausgewählt, daß sie einen Einblick in alle Gebiete schriftstellerischer Betätigung gestatten. Vieles, was bisher für Übungszwecke nur schwer erreichbar war (z. B. die Praevulgata-Texte, die Mulomedicina, Marcellus Empiricus, Palladius, Dioscorides, Oribasius, Vitae patrum, Lex Salica, Capitulare de Villis), erscheint hier zum ersten Male leicht zugänglich gemacht. Der in den letzten Jahren stark aufgeblühten Namenforschung ist Rechnung getragen durch Aufnahme längerer Listen von Orts- und Personennamen.

Die Auswahl solcher Textabschnitte, die für die Erkenntnis der zu den romanischen Volkssprachen hinführenden Entwicklung aufschlußreich sind, ist nicht leicht. Die klassische Sprachtradition war auch in der späteren Kaiserzeit so stark, daß die aus der vulgären Alltagssprache in die schriftliche Form übernommenen Vulgarismen zunächst nur einen relativ kleinen Prozentsatz ausmachen. Erst vom 6. Jahrhundert ab nimmt die sprachliche Auflösung einen größeren Umfang an. Der Begriff 'Vulgärlatein' selbst darf nicht zu eng gefaßt werden. Neben der Vulgärsprache der unteren Schichten gab es auch eine familiäre Umgangssprache der Gebildeten, die nicht alles mitmachte, was bereits beim niederen Volk sich fest eingebürgert hatte. Auch in den einzelnen Provinzen dürfte die Alltagssprache schon früh regionale Merkmale angenommen haben als Vorläufer der schließlich immer mehr auseinanderstrebenden Entwicklung[2].

Die hier zusammengestellten Texte sind als Rohmaterial gedacht, das als Grundlage für wissenschaftliche Übungen bestimmt ist. In der Wiedergabe der ausgewählten Abschnitte folgen wir den besten bzw. heute maßgeblichen Ausgaben. Aus dem handschriftlichen Apparat ge-

---

[1] Ein photomechanischer Neudruck (1929 und 1960).

[2] Vgl. dazu K. Sittl, *Was ist Vulgärlatein?* in: Verhandlungen der 40. Versammlung deutscher Philologen und Schulmänner in Görlitz (Leipzig 1890), S. 385–392; E. Löfstedt, *Syntactica*, Bd. II, Lund 1933, S. 352ff.; A. Meillet, *Esquisse d'une histoire de la langue latine* (Paris 1933), Kap. X.

ben wir nur solche 'variae lectiones' (v.l.), die ein linguistisches Interesse verdienen oder für die Interpretation unentbehrlich sind.

Von der Beigabe kommentierender Erläuterungen, die auf die Bedeutung der Vulgarismen hinweisen oder die Beziehung zu den romanischen Sprachen beleuchten, hat der Herausgeber aus pädagogischen Gründen abgesehen, da auf solche Weise der besondere Reiz in der Aufdeckung sprachwissenschaftlicher und kulturgeschichtlicher Zusammenhänge verloren gehen würde.

Das vorliegende Lesebuch ist entstanden, als der Verfasser während seines Aufenthaltes in Schweden (Winter 1947/48) die seltene Gelegenheit hatte, mehrere Monate hindurch die ungemein reichen Schätze der Universitätsbibliothek in Uppsala zu benutzen. Mit tiefem Dank gedenkt der Verfasser der Zeit, die er, mit einem schwedischen Staatsstipendium ausgestattet, in dem gastlichen Lande verbringen durfte. In dankbarer Erinnerung sind ihm alle lieben Freunde und Fachkollegen, die ihm den Aufenthalt in den Universitätsstädten Schwedens wertvoll und angenehm gemacht haben. Der Verfasser hofft, mit diesem Lesebuch einen kleinen Beitrag zum wissenschaftlichen Studium des Vulgärlateins zu leisten, für dessen Erforschung gerade von seiten der schwedischen Wissenschaft so fruchtbare Arbeit beigesteuert worden ist.

Vorwort zur dritten Auflage (1969)

Diese neue Auflage beruht auf einer sehr umfassenden Revision. Einzelne Texte wurden noch einmal auf ihre pädagogische und wissenschaftliche Brauchbarkeit sorgfältig geprüft. Anstatt des magischen Kryptogrammes (bisher no V) und der Probe aus dem Itinerarium Antonini Placentini (bisher no XXI], die gestrichen wurden, sind neu aufgenommen die Exempla Plautina, sowie Proben aus den Tablettes Albertini und aus einem Papyrus von Ravenna. Andere Texte wurden teils ergänzt, teils in einzelnen Teilen ausgewechselt. Den Beispielen aus der Lex Salica wurde eine parodierende Nachbildung beigegeben. Neu ist auch eine Auswahl aus den Supernomina. – Die bibliographischen Hinweise sind auf den heutigen Stand gebracht. Das Glossar (Indices) wurde revidiert und beträchtlich vermehrt.

VIII

Inhaltsverzeichnis

In der Textgestaltung bedeutet:

[ ] = delendum est.
( ) = supplendum est.
v. l. = varia lectio.

Allgemeine Bibliographie

Fr. Altheim, *Die Anfänge des Vulgärlateins.* In: Glotta, Bd. 20, 1932, S. 153–172.

M. Bartoli, *Per la storia del latino volgare.* In: Arch. glott. ital. XXI, 1927, 1–58.

Carlo Battisti, *Avviamento allo studio del latino volgare.* Bari 1949.

A. Blaise, *Manuel du latin chrétien.* Strasbourg 1955.

V. Blanco Garcia, *Latín medieval. Introducción a su estudio y antología.* Madrid 1944.

G. Bonfante, *Quando si è cominciato a parlare italiano?* In: Festschrift für W. v. Wartburg (Tübingen 1968), Bd. I, S. 21–46.

A. Carnoy, *Le latin d'Espagne d'après les inscriptions.* Bruxelles 1906.

F. T. Cooper, *Word formation in the Roman sermo plebeius.* New York 1895.

E. Coseriu, *El llamado 'latín vulgar' y las primeras diferenciaciones romances.* Montevideo 1954.

G. Devoto, *Storia della lingua di Roma.* Bologna 1940 (1969).

M. C. Diaz y diaz, *Antología del latín vulgar.* Madrid 1950.

–, *El latin de la península ibérica: rasgos lingüísticos:* In: Enciclopedia lingüística hispánica, tomo I, Madrid 1960, S. 153–197.

A. Ernout, *Aspects du vocabulaire latin.* Paris 1954.

W. Goldberger, *Kraftausdrücke im Vulgärlatein.* In: Glotta XVIII, S. 8 ff. und XX, S. 101 ff.

C. H. Grandgent, *Introduction to Vulgar Latin.* Boston 1907. – Verbesserte spanische Ausgabe (übers. Fr. de B. Moll): Madrid 1928 (Neuauflage 1952).

G. Gröber, *Vulgärlateinische Substrate romanischer Wörter.* In: Arch. für lat. Lexikographie und Grammatik, Bd. 1–6 (1883 ff.).

R. A. Haadsma et J. Nuchelmans, *Précis de latin vulgaire, suivi d'une anthologie annotée.* Groningen 1963.

J. Herman, *Le latin vulgaire* (Que sais-je?, no 1247). Paris 1967.

J. B. Hofmann, *Lateinische Umgangssprache.* Heidelberg 1936. – 3. Aufl. 1950.

E. Löfstedt, *Beiträge zur Kenntnis der späteren Latinität.* Uppsala 1907.

–, *Syntactica.* 2 Bände. Lund 1928 (1942) und 1933.

–, *Late Latin.* Oslo 1959.

F. Lot, *A quelle époque a-t-on cessé de parler latin?* In: ALMA, Bull. Du Cange 6, 1931, S. 97–159.

Th. Henr. Maurer, *Gramática do Latim Vulgar.* Rio de Janeiro 1959.

H. Meier, *Über das Verhältnis der romanischen Sprachen zum Lateinischen.* In: Rom. Forsch. 54, 1940, S. 165–201.

A. Meillet, *Esquisse d'une histoire de la langue latine*. Paris 1933.

H. Mihaescu, *Limba latină în provinciile dunărene ale imperiului roman*. Bucureşti 1960.

G. Mohl, *Introduction à la chronologie du latin vulgaire*. Paris 1899.

Christine Mohrmann, *Latin vulgaire, latin des chrétiens, latin médiéval*. Paris 1955.

–, *Études sur le latin des chrétiens*. Rome 1958.

H. F. Muller, *A chronology of Vulgar Latin*. Halle/Saale 1929.

– and Pauline Taylor, *A chrestomathy of Vulgar Latin*. Boston 1932.

M. Niedermann, *Über einige Quellen unserer Kenntnis des späteren Vulgärlateinischen*. In: Neue Jahrbücher für das klassische Altertum, Band 29, 1912, S. 313–342. – Neu abgedruckt in Recueil Max Niedermann (Neuchâtel 1954), S. 29–64.

Dag Norberg, *Beiträge zur spätlateinischen Syntax*. Uppsala 1944.

–, *Syntaktische Forschungen auf dem Gebiet des Spätlateins und des frühen Mittelalters*. Uppsala 1943.

L. R. Palmer, *The Latin language*. London 1954.

M. A. Pei, *The language of the eight-century texts in northern France*. New York 1932.

Jules Pirson, *La langue des inscriptions latines de la Gaule*. Bruxelles 1901.

V. Pisani, *Testi latini arcaici e volgari*. Torino 1950.

G. Reichenkron, *Historische Latein-altromanische Grammatik*. Teil I: Das sogenannte Vulgärlatein und das Wesen der Romanisierung. Wiesbaden 1965.

E. Richter, *Beiträge zur Geschichte der Romanismen*. Halle 1934.

G. Rohlfs, *Die lexikalische Differenzierung der romanischen Sprachen*. München 1954.

A. Ronconi, *Arcaismi o volgarismi?* In: Maia, Riv. di letterature classiche, Bd. IX, 1957, S. 7–35.

H. Schmeck, *Aufgaben und Methoden der modernen vulgärlateinischen Forschung*. Heidelberg 1955.

J. Schrijnen, *Charakteristik des altchristlichen Lateins*. Nimwegen 1932.

H. Schuchardt, *Vokalismus des Vulgärlateins*. 3 Bände. Leipzig 1866–68.

S. Silva Neto, *Fontes do latim vulgar: O Appendix Probi. Edição comentada*. Rio de Janeiro 1946.

–, *História do Latim Vulgar*. Rio de Janeiro 1957.

K. Sittl, *Die lokalen Verschiedenheiten der lateinischen Sprache*. Erlangen 1882.

F. Slotty, *Vulgärlateinisches Übungsbuch*. Bonn 1918 (1960).

J. Sofer, *Zur Problematik des Vulgärlateins*. Wien 1963.

A. Souter, *A glossary of later Latin to 600 a. D.* Oxford 1949 (1957).

Karl Strecker, *Einführung in das Mittellatein*. Berlin 1939 (neuere französische Ausgabe: Lille 1948).

C. Tagliavini, *Latino seritto, Latino parlato, Latino volgare*. In: Le origini delle lingue neolatine. Introduzione alla filologia romanza. Quarta ed. Bologna 1964, S. 163–216.

A. Tovar, *A research report on Vulgar Latin and its local variations*. In: Kratylos, Bd. IX, 1964, S. 113–134.

A. Tovar Llorente, *Latín de Hispania: Aspectos léxicos de la romanización*. Madrid 1968.

V. Väänänen, *Le latin vulgaire des inscriptions pompéiennes*. Helsinki 1937 (Berlin 1966).

–, *Introduction au latin vulgaire*. Paris 1963.

K. Vossler, *Einführung ins Vulgärlatein*, herausgegeben und bearbeitet von H. Schmeck, München 1954.

M. L. Wagner, *Über die Unterlagen der romanischen Phraseologie*. In: Volkstum und Kultur der Romanen, Band 6, 1933, S. 1–26.

W. v. Wartburg, *Die Entstehung der romanischen Völker*. Halle 1939 (Tübingen 1951).

W. v. Wartburg, *Die Ausgliederung der romanischen Sprachräume*. Bern 1950.

I. Exempla Plautina

Anstatt einen zusammenhängenden Text aus einer Komödie zu reproduzieren, geben wir hier nur einige isolierte typische Beispiele des 'sermo vulgaris', die gewisse Tendenzen in der Entwicklung zur romanischen Volkssprache schon früh erkennen lassen.
Ausgaben: Fr. Leo (Berlin 1905–06); A. Ernout (Paris 1932–40) mit französischer Übersetzung; E. Paratore mit italienischer Übersetzung (Firenze 1958 ff.); Paul Nixon mit englischer Übersetzung (Cambridge, Mass. 1960 ff.); W. M. Lindsay (Oxford 1952–53). Unsere Textproben nach der edit. von Ernout.
Zur Sprache: E. Skutsch, Plautinisches und Romanisches, Leipzig 1892; W. M. Lindsay, Syntax of Plautus, Oxford 1907; Gonzales Lodge, Lexicon Plautinum, Leipzig 1904–1933; Saara Lilja, Terms of abuse in Roman comedy (Ann. Acad. Scient. Fenn., ser. B, tom. 141,3), Helsinki 1965.

1. ... sed est huic unus servus violentissimus [Truc. 251].
2. Ibidem una aderit mulier lepida, tibi savia super savia quae det [Pseud. 948].
3. Memento ergo dimidium istinc mihi de praeda dare [Pseud. 1164].
4. ... dant inde partem mihi maiorem quam sibi [Mil. 712].
5. Cadus erat vini: inde implevi hirneam [Amph. 429].
6. Nam ut lassus veni de via, me volo curare [Pseud. 661].
7. ... dice, demonstra, praecipe, quae ad patrem vis nuntiari [Capt. 359].
8. ... ibo intro ad libros et discam de dictis melioribus [Stich. 400].
9. Apud nos est convivium. Ibi voster cenat cum uxore adeo et Antipho; ibidem erus est noster (Stich. 663).
10. Neque ego hoc homine quemquam vidi magis malum et maleficum [Pseud. 938].
11. ... iam instituta, ornata cuncta ... deformata habebam [Pseud. 676].
12. Immo res omnis relictas habeo prae quod tu velis [Stich. 362].
13. I in malam crucem! ... Monstrum mulieris! Tantilla tanta verba funditat! [Poen. 273].
14. Paegnium, deliciae pueri, salve! Quid agis? Ut vales? [Persa. 204].
15. Redde etiam argentum aut virginem. – Ouod argentum? ... Quam tu virginem me reposcis? – Quam ab lenone abduxti hodie, scelus viri. – Nullam abduxi. – Certe eccistam video [Curc. 612].

1

16. Ubinamst is homo gentium? – Eccillum video [Merc. 434].

17. Novi genus; nunc quid vis? Id volo noscere. – Filiam ex te tu habes ... – Immo eccillam domi [Aul. 780].

18. (Ad meretricem) Magis illectum tuum quam lectum metuo: mala tu es bestia [Bacch. 55].

19. ... scio iam, filius quod amet meus istanc meretricem [Asin. 52].

20. Haud scio quid eo opus sit; quae (scil. oves) nec lactem nec lanam ullam habent [Bacch. 1133].

21. Timeo quid rerum gesserim; ita dorsus totus prurit [Mil. 397].

22. Nunc mihi blandidicus es; heri in tergo meo tres facile corios contrivisti bubulos [Poen. 139].

23. ... ut hanc rem natam intellego, quod ames paratumst [Bacch. 218].

24. ... natus nemo in aedibus servat [Most. 451].

25. Quid agit filius? – Bene vult tibi [Trin. 437].

26. Utinam male qui mihi volunt, sic rideant [Asin. 841].

27. Quicumque ubi sunt, qui fuerunt, quique futuri sunt posthac stulti, stolidi, fungi, bardi, blenni, buccones, solus ego omnis longe antideo stultitia [Bacch. 1088].

28. Sed quid haec est muliercula et ille gravastellus (v. l. ravistellus) qui venit? [Epid. 620].

29. Novo consilio nunc mihi opus est; ... illa omnia missa habeo quae ante agere occepi [Pseud. 602].

30. Da, meus ocellus, mea rosa, mi anime, mea voluptas, Leonida, argentum mihi; ne nos diiunge amantis. – Dic igitur me tuum passerculum, gallinam, coturnicem, agnellum, haedillum me tuum dic esse, vel vitellum: prehende auriculis, compara labella cum labellis [Asin. 664].

II. Petronii cena Trimalchionis

Ausgaben: Petronii cena Trimalchionis, mit deutscher Übersetzung und erklärenden Anmerkungen, von Ludwig Friedlaender, 2. Aufl., Leipzig 1906 (Neudruck: Amsterdam 1960); Petronii saturae, rec. Franc. Buecheler, ed. sextam cur. Guil. Heraeus (Berlin 1922); Pétrone, Le satiricon, texte établi et traduit par A. Ernout, 4e éd. (Paris 1958); Il satyricon di Petronio, ed. E. Paratore (Firenze 1933); La cena di Trimalchione ed A. Maiuri (Napoli 1945); Petronii Arbitri Cena Trimalchionis a cura di E. V. Marmorale (Firenze 1948); Petronius, Satyrica, Schelmengeschichten, lat. und deutsch von K. Müller und W. Ehlers (München 1965). – Kleine Ausgabe: Petronii C. Trimalchionis, ed. H. Schmeck (Heidelberg 1954) mit guter Bibliographie. – Kommentar: Pétrone, Le festin de Trimalcion, commentaire exégétique et critique par Paul Perrochat (Paris 1939). Gute Kommentare auch in den Ausgaben von Friedlaender, Maiuri (archäologisch und kulturgeschichtlich), Paratore (sehr eingehend) und Marmor a l e (wichtig für die Textkritik, mit sehr reicher Bibliographie). – Wörter-buch: Lexicon Petronianum, comp. J o a n n e s S e g e b a d e et E r n e s t u s L o m m a t z s c h, Lipsiae 1898. – Zur Sprache: Neuere und zusammenfassen-de Erkenntnisse bei A r n u l f S t e f e n e l l i, Die Volkssprache im Werk des Petron im Hinblick auf die romanischen Sprachen, Wien 1962.

Größere Episode aus einem umfangreichen, nur fragmentarisch erhaltenen Roman des Petronius Arbiter, der am Hofe Neros lebte[1]. Romanhandlung spielt im Zeitalter des Tiberius. Schauplatz der Cena eine Stadt bei Neapel, vielleicht Cumae oder Puteoli. – Zu Überlieferung (sehr schlecht), Charakter der literarischen Gattung, gesellschaftlichem Milieu siehe die Einleitung der Ausgabe von F r i e d l a e n d e r sowie die zusammenfassende Darstellung von W. K r o l l in der Realencyclopädie von Pauly-Wissowa-Kroll, Bd. 19, S. 1201 –1214. Eine gute Charakterisierung der griechisch infizierten Vulgärsprache der Tischgenossen gibt A. H. S a l o n i u s, Die Griechen und das Griechische in Petrons Cena Trimalchionis, Helsingfors 1927. Über seltene und vulgäre Sprachformen handelt W. H e r a e u s, Die Sprache des Petronius und die Glossen, Offenbach 1899, jetzt auch in 'Kleine Schriften', Heidelberg 1937, S. 52–150. – Der Verf. verfügt über alle Mittel eines kunstvollen, raffinierten, mit Pointen arbeitenden Sprachstils. Von der Sprache der Freigelassenen im Hause des einstigen Sklaven, jetzt steinreichen Trimalchio kann gelten, daß sie 'als Ganzes ein wunderbar getreues Spiegelbild der niederen Umgangssprache Mittelitaliens im 1. Jahrhundert ist und sich der Gesamtentwicklung der Volkssprache von Plautus bis ins Spätlatein bestens einfügt' (J. B. Hofmann). Zur Abgrenzung von Umgangssprache und vulgärer Sprachform im Roman, s. Bengt Löfstedt, Zeitschr. für roman. Phil. 80, 1964, S. 128. Eine Stilanalyse der realistischen Schilderung bei Erich Auerbach, Mimesis, Dargestellte Wirk-lichkeit in der abendländischen Literatur, Bern 1946, S. 31 ff. – Für die fol-gende Auswahl wurde die Ausgabe von Buecheler (s. o.) zugrunde gelegt (zitiert nach Kapiteln und Paragraphen).

37,1. Non potui amplius quicquam gustare, sed conversus ad eum, ut quam plurima exciperem, longe accersere fabulas coepi sciscitarique, quae esset mulier illa, quae huc atque illuc discurreret. 'Uxor', inquit, 'Trimalchionis, Fortunata appellatur, quae nummos modio metitur. Et modo, modo quid fuit? Ignoscet mihi genius tuus, noluisses de manu illius panem accipere, nunc quid nec quare, in caelum abiit et Trimal-chionis topanta est. Ad summam, mero meridie si dixerit illi tenebras esse, credet. Ipse nescit quid habeat, adeo saplutus est . . .'

41,9. Ab hoc ferculo Trimalchio ad lasanum surrexit. Nos libertatem

---

[1] Die von U. E. P a o l i in den Studi italiani di filologia classica, vol. 14, 1937, S. 2–46, vertretene Meinung, daß der Verf. nicht mit dem Petronius (elegantiae arbiter) der Zeit Neros († 66 p. Chr.) identisch ist und der Roman dem 3. Jh. angehört, hat nur vereinzelt Zustimmung gefunden, z. B. durch Marmorale, La questione Petroniana (Bari 1948). – Kritisch gegen diese Mei-nung: A. Labhardt (Mus. Helvet. 6, 1949, 238 ff.), A. Ernout (Rev. de phil. 24, 1950, 120 f.) und E. Paratore (Paideia 3, 1948, 260 ff.); s. auch Stefenelli 10.

sine tyranno nacti coepimus invitare convivarum sermones. Dama itaque primus cum pataracina poposcisset: 'Dies', inquit, 'nihil est. Dum versas te, nox fit. Itaque nihil est melius, quam de cubiculo recta in triclinium ire. Et mundum frigus habuimus. Vix me balneus calfecit. Tamen calda potio vestiarius est. Staminatas duxi, et plane matus sum. Vinus mihi in cerebrum abiit'.

42,1. Excepit Seleucus fabulae partem et: 'Ego', inquit, 'non cotidie lavor; baliscus enim fullo est, aqua dentes habet, et cor nostrum cotidie liquescit. Sed cum mulsi pultarium obduxi, frigori laecasin dico. Nec sane lavare potui; fui enim hodie in funus . . .'

57,1. Ceterum Ascyltos, intemperantis licentiae, cum omnia sublatis manibus eluderet, et usque ad lacrimas rideret, unus ex conlibertis Trimalchionis excanduit, is ipse qui supra me discumbebat, et: 'Quid rides', inquit, 'berbex? An tibi non placent lautitiae domini mei? Tu enim beatior es et convivare melius soles . . . Tu autem tam laboriosus es, ut post te non respicias? In alio peduclum vides, in te ricinum non vides. Tibi soli ridicl[e]i videmur. Ecce magister tuus, homo maior natus: placemus illi. Tu lacticulosus, nec mu nec ma argutas, vasus fictilis, immo lorus in aqua, lentior, non melior . . . Quid nunc stupes tanquam hircus in ervilia?' . . .

62,13. Ut vero domum veni, iacebat miles meus in lecto tamquam bovis, et collum illius medicus curabat.

74,13. Contra Trimalchio: 'Quid enim', inquit, 'ambubaia non meminit se, de machilla illam sustuli, hominem inter homines feci. At inflat se tanquam rana, et in sinum suum non spuit; codex, non mulier . . . At ego dum bonatus ago et nolo videri levis, ipse mihi asciam in crus impegi. Recte, curabo, me unguibus quaeras. Et ut depraesentiarum intelligas, quid tibi feceris: Habinna, nolo, statuam eius in monumento meo ponas, ne mortuus quidem lites habeam. Immo ut sciat me posse malum dare, nolo, me mortuum basiet'.

75,1. Post hoc fulmen Habinnas rogare coepit, ut iam desineret irasci et: 'Nemo', inquit, 'nostrum non peccat. Homines sumus, non dei' . . . Non tenuit ultra lacrimas Trimalchio et: 'Rogo', inquit, 'Habinna, sic peculium tuum fruniscaris, si quid perperam feci, in faciem meam inspue. Puerum basiavi frugalissimum, non propter formam, sed quia frugi est. Decem partes dicit, librum ab oculo legit, thraecium sibi de diariis fecit, arcisellium de suo paravit et duas trullas. Non est dignus quem in oculis feram? Sed Fortunata vetat . . . Sed vivorum meminerimus. Vos rogo, amici, ut vobis suaviter sit. Nam ego quoque tam fui quam vos estis; sed virtute mea ad hoc perveni . . . Tu autem, sterteia, etiamnum ploras?

76,1. Ceterum quemadmodum di volunt, dominus in domo factus sum, et ecce cepi ipsimi cerebellum. Quid multa? Coheredem me Cae-

4

sari fecit, et accepi patrimonium laticlavium. Nemini tamen nihil satis
est. Concupivi negotiare. Ne multis vos morer, quinque naves aedificavi,
oneravi vinum – et tunc erat contra aurum – misi Romam. Putares me
hoc iussisse: omnes naves naufragarunt, factum, non fabula. Uno die
Neptunus trecenties sestertium devoravit. Putatis me defecisse? Non
mehercules mi haec iactura gusti fuit. Tanquam nihil facti, alteras feci
maiores et meliores et feliciores, ut nemo non me virum fortem diceret.
Scitis, magna navis magnam fortitudinem habet. Oneravi rursus vinum,
lardum, fabam, seplasium, mancipia. Hoc loco Fortunata rem piam
fecit. Omne enim aurum suum, omnia vestimenta vendidit et mi centum
aureos in manu posuit. Hoc fuit peculii mei fermentum. Cito fit, quod
di volunt. Uno cursu centies sestertium corrotundavi . . .
    77,4. Interim dum Mercurius vigilat, aedificavi hanc domum. Ut
scitis, cusuc erat; nunc templum est. Habet quattuor cenationes, cubi-
cula viginti, porticus marmoratos duos, susum cenationem[2] cubiculum
in quo ipse dormio, viperae huius sessorium, ostiarii cellam perbonam;
hospitium hospites capit. Ad summam, Scaurus cum huc venit, nus-
quam mavoluit hospitari, et habet ad mare paternum hospitium. Et
multa alia sunt, quae statim vobis ostendam. Credite mihi: assem
habeas, assem valeas; habes, habeberis. Sic amicus vester, qui fuit rana,
nunc est rex . . .'

III. Inschriften[1]

Wichtigste Ausgaben: Corpus inscriptionum Latinarum (CIL), 16 Bände,
Berlin 1863–1943; E. D i e h l, Inscriptiones Latinae christianae veteres, 3 Bände, Berlin 1925–1931. – Neuere Funde in den Notizie degli scavi di antichità
(Rom 1910 ff.). Nur Inschriften ekklesiastischen Charakters enthält die Sammlung von J. V i v e s, Inscripciones cristianas de la España romana y visigoda,

[2] *Ernout, Maiuri, Marmorale u. a.* cellationem *nach dem cod. H.*

[1] Abkürzungen:

an. = annos, annis	f. = fecit *oder* filius
b. m. f. = bene merenti fecit	f. c. = faciendum curavit
b. m. p. = bene merenti posuit	l. = libertus
c. f. = clarissima femina	l. d. d. = locus datus decu-
cos. = consul	rionum decreto
d. = dies, decessit	m. = menses
d. b. s. = dis bonis sacrum	p. p. = pro pietate
d. m. (s.) = dis manibus (sacrum)	q. = consule
dn. = dominus	v. = vixit
dp. = depositus	v. a. = vixit annos
e. m. v. = egregiae memoriae vir.	v. c. = vir clarissimus
eq. = eques	[ ] = delendum est
ex pp. = ex praeposito	( ) = supplendum est

5

Barcelona 1942. – Ausgewählte Inschriften: H. Dessau, Inscriptiones Latinae selectae, Berlin 1892–1916; E. Diehl, Vulgärlateinische Inschriften, Bonn 1910; E. Diehl, Pompejanische Wandinschriften und Verwandtes, Berlin 1930; E. Diehl, Lateinische altchristliche Inschriften, Bonn 1913. – E. Zilliacus, Sylloge inscriptionum veterum Musei Vaticani, Acta Inst. Rom. Finlandiae, Helsinki 1963: enthält eine Spezialgrammatik der altchristlichen Inschriften. – F. Grossi Gondi, Trattato di epigrafia cristiana latina e greca del mondo romano occidentale, Rom 1920.

Untersuchung der Sprache: siehe die allgemeine Bibliographie (S. XIf.), s. n. Carnoy, Pirson, Söderström, Väänänen.

1. ... hince sunt Nouceriam meilia L... [Meilenstein, Lukanien, a. 132 a. Chr., CIL. I², 638].

2. Aur. Julianae puellae inn|ocentissime qu(e) ann|os dece septe mensis un decim | ... Elivius et | Aurelia Emerius arca posu|erunt [Dalmatien, CIL. III, 2233].

3. ... qui mulos mulas asinos asinas caballos equas sub praecone vendiderit in k(apita) singula denarios III d(are) d(ebeto) [Lusitanien, CIL. II, 5181,1,17].

4. Hic quescunt duas matres duas filias² | numero tres facunt et advenas II parvolas qui | suscitabit cuius condicio est Jul. Herculanus | vet. f. c. in re sua [Pannonien, CIL. III, 3551].

5. M. Novio | Qu. f. Iusto | dec. ex testa|mento eius | T. Novius M|aximus fra|ter ponendum | curaut | l. d. d. d. [Dalmatien, CIL. III, 12700].

6. ... praecipio ave post obitum meum | ut liberti libertasque ponantur | sine ulla controversia [Illyrien, CIL. III, 2386].

7. Niycherate v|ana succula | que amas | Felicione | et at porta | deduces | illuc | tantu | in mente | abeto [Pompeji, CIL. IV, 2013].

8. ... rufa ita vale quare bene felas [Pompeji, CIL. IV, 2421].

9. ... Prisca et Probilla filias | et eredes posuerunt [Pannonien, CIL. III, 13374].

10. Domino dul|cisimo nepo|ti Sabino Is|tercoria dul|cissima ami|ta cuius casu | doleunt qui | vixit annos | XV [Aquileia, CIL. V, 1706, Diehl no 4186].

11. Bone me|morie et | perpetue secu|ritati bene quie|scant reliquias Maximini [Tridentinische Alpen: Val di Non, CIL. V, 5078].

12. D. m. | P. Pom. | Firmo | infelic. | quem ma|ris apstulit | undis Jul. | Olympia m|arito b. m. p. [Padova, CIL. V, 3014].

13. D. m. | Secundiae | Secundinae et | Aeli Festini | junioris | Ael. Secundinus | filius et | Ael. Urbicus | avonculus [Como, CIL. V, 5371].

14. D. m. | Aurelio | Aureliano | eq(uiti) R(omano) socerioni | Aur. Septiminus | tribun. gener | piissimo | qui vixit ann. XXII | et Rosulae | neptiae eius ann(orum) | III [Aquileia, CIL. V, 8273].

---

² Gemeint sind Großmutter, Mutter und Tochter.

15. Aur. domnulae uxori | dulcissimae Fl. Romu|lianus ex pp. de pro|prio suo arcam | comparavit [Concordia, Venezien, CIL. V, 8662].

16. In hoc loco d(e)|positum Vitale | plus menus an(ni)s | VIII paus(at) XVII Kals. | Sem(ptembre)s diae lunis | defuntus in pa(ce) [Aquileia, CIL. V, 8603].

17. D. m. M. Aur. Hermes fec. Casperiae Zosime coiug. . . . con quem vixit ann. XVI . . . [Rom, CIL. VI, 13122].

18. D. m. | Aur. Zotico | vene merenti | coiugi fecit | Aelia Restuta | com quen bixit | annos X [Rom, CIL. VI, 13271].

19. Atinia | L. filia | Procla vixit | anocla et | mesoru quator [Rom, CIL. VI, 12675].

20. C. Caecilius G(aii) | et G(aiae) l(ibertus). L. Florus | vixit annos XVI | et mesibus VII qui | hic mixerit aut | cacarit habeat | deos superos et | inferos iratos [Rom, CIL. VI, 13740].

21. D. m. | Cassiciae Vi|talis fecit | Munatia Felicula avia | et Julia Vita|lis mater | bene meren|ti vix. annis | IV mensibus II diebus | XXI Nicao|n amator | illeius | et Hilarus [Rom, CIL. VI, 14484].

22. D. m. s. | Val. Maxentio | aeq(uiti) ex numero | lanciarorum | vixit an. XXVI mil(itavit)|an. VI iscola aequi|tum b. m. f. [Rom, CIL. VI, 32965].

23. C. Curtius C. l. Protus | interpetes de isula | sibi libertisq. suis [Rom, CIL. VI, 33864].

24. Diis manibus | sacrum | Carin. Q. f. Gallae | vixit annis | septe mensi(bus) | dece diebus | XII [Afrika, CIL. VIII, 1040].

25. Ustriut | fidelis bixit | in pace an|nis XL me|nse uno [Christ, Numidien, CIL. VIII, 2017].

26. Hic requiscit . . . Samuel filius Sila(ni) (cu)m Ezihiel barbane suum . . . [jüdisch, Tarent, CIL. IX, 6402].

27. Dieo sancto Sa|turno sacrum | L. Gargilius | Crescens sac|erdos una cum | liberis suis | votum solvit [Algerien, CIL. VIII, 9181].

28. D. m. s. | Caecilia Ge|tula vixit an. | mecu III mensib|us VII dieb. XVII C. | Valerius Antonin|us ispose rarissi|me fecit [Numidien, CIL. VIII, 3485].

29. D. m. | Iuliae For|tunatae quae et Pusin|nae coniu|gi amantissimae | C. Staberius Fe|lix fec. [Numidien, CIL. VIII, 3770].

30. D. m. | C. Marius | Donatus | vet. | vixit | annis LXXV | C. Marius | Secundus | patri caris|simo fecit | cura agente | Iulia Maio|rica nuram | eius [Numidien, CIL. VIII, 4293].

31. D. m. s. L. Appius Janarius . . . fec. [Numidien, CIL. VIII, 4441].

32. Una et bis senas turres crescebant in ordine totas | mirabilem operam cito constructa videtur posticius | sub termas balteo concluditur ferro . . . [Numidien, CIL. VIII, 5352; über dem Eingang zu den Thermen].

33. Hi requiescit in | pace Eunomiola ... [Gallia Narb., CIL. XII, 2113].

34. D. m. s. | Sittia | Veneria que et Iu|niane vix. an. | *Auf dem gleichen Altar:* Nina have [Numidien, CIL. VIII, 5260].

35. Votum quem | promisit Hercu|li Irsiti Rogatus | fecit dedicait libes animo [Numidien, CIL. VIII, 5667].

36. D. b. s. C. Aponius Secundus sacerdos agnu Domino tauru Domino ovicula Nutrici berbece Jovi ovicula Teluri agnu Herculi agna Veneri edu Mercurio [Numidien, CIL. VIII, 8246].

37. Bene laves | oze ades cras gratis ... [Afrika, CIL. VIII, 8424].

38. D. m. s. | Caius Iulius Qui|etianus vixit an|nis viginti quat|tor mensibus nove dieb|us vinti quattor [Afrika, CIL. VIII, 8573].

39. D. m. s. memoriae | Flaviae Tertiae et | Flavi Quieti et | Flavi Getuli filio|rum parbulae ae|tatis defuncto|rum Flavius | Febrarius pater | eorum fecit et | dedicavit [Afrika, CIL. VIII, 9107].

40. In hoc tumulo | requiescit De|usduna filius con|dam Proberenti | qui bissit annus XII ... [Capua, CIL. X, 4546].

41. C. Fufidio At|tico e. m. v. | C. Fufidius At|ticus v. c. cos. fi|lius et Nerati|a Marullina | c. f. norus [Sepino, Süditalien, CIL. IX, 2450].

42. D. m. s. | Maximus et Lascius | duo fratres conve|nientes in uno hunc | titulum nobis posu|imus vivis ut posse|mus at superos secu|rius vitam bonam gere|re ... | ita tu qui legis bona | vita vive sodalis | quare post obitum | nec risus nec lusus | nec ulla voluptas | erit, have ... [Abruzzen, CIL. IX, 3473].

43. Vixxit Rufina annos LV et filia ipseius XXXVII [Neapel, Katakomben, CIL. X, 1528].

44. D. m. s. | L. F. Valeriano | Garfanio natio|ne Hafre Fu|rius Ispartac|us fratri inco|parabili fecit [Pozzuoli, CIL. X, 1974].

45. ... Aur. Marcia | Mater se viva | sibi et filis bene | merentis p. o. s. | Aur. Rufina brutes [Moesia Sup., CIL. III, 12666][3].

46. D. m. | Furnia Prima | Aemilio Zanuario | alumno et liberto | piissimo benemeren. | vixit annis XVIII m. III [Pozzuoli, CIL. X, 2466].

47. Fabia Sperata | Sallustius | Agathocles | o cae Rodios | atois εποησαν [Reggio Calabria, CIL. X, 11].

48. ... Rofina filia ipsuius q|ue vixit annis cin|quaginta quator | baene maerenti fecerun [Anagni, Süditalien, CIL. X, 5939].

49. D. m. | Eutuceti Eu|tyces pater fi|lio dulcissi|mo qui vixit ann. XXIII m. X d. VII | quod ego isperabi | ut tu mih(i) faceres | b. m. f. [Pozzuoli, CIL. X, 8189].

50. B. m. | Decianus serbus | (d)ei qui vixit anus | (L)V et depositus | (es)t VI idus Septem|(b)ris hic requies. [Florenz, CIL. XI, 1699].

---

[3] *Lies* pos. (= posuit) *statt* p. o. s.?

51. Maciae [Seve] | Severine m|emoriae aet|erne Aureli|us Valerian|
us se vivo co|iugi et sebe | civis [Ver] Verg|elleses Maci Se|verini
soror(i) t|rebuni legion|is secundes It|alices [Vaison, Gall. Narb., CIL.
XII, 1356].
52. Hic requiiscunt men|bra ad duus fratres | Gallo et Fidencio qui
fo|erunt fili Magno ... [Prov. Lugdun., CIL. XIII, 2483].
53. D. m. | Karo | Masueti f. | Quartina | Materni fil. | aunclo
piissimo [Nîmes, CIL. XII, 3694].
54. Hic requiaescit be|nememorius Dr|octebodes qui vi|xit annos
tri|enta et quinque [Toulouse, CIL. XII, 5399].
55. ... Petimus ne quis nos | inquietet ex arca nostra | neque ab ante
aliam ponat [Ravenna, CIL. XI, 147].
56. Hoc tetolo fecet Montana | coniux sua Mauricio qui vi|sit con
elo annus dodece et | portavit annus qarranta | trasit die VIII kl.
Iunias [mit christlichen Symbolen, Gondorf, Moselgebiet, CIL. XIII,
7645; Diehl, Inscript. no 2917].
57. D. m. | Cosidiae Inbentae | Cosidius Mercuriu | tata fecit v. an. |
III [Ostia, CIL. XIV, 892].
58. D. m. | C. Iuli Beriani | qui vixit annis | XVIII mensibus V |
zebus XVII [Ostia, CIL, XIV, 1137].
59. D. m. | Aurel. Iusto | qui vixit ann. | XVI | Zodorus fra|tri
b. m. f. [Latium, CIL. XIV, 2325].
60. Rogo vos | omns qui intratis | in hanc aulam dei, | orationem
orate pr me | peccatorem ... quia cod | estis fui et quod sum | essere
abetis [Rom, Diehl no 3865].
61. Si d(eu)s por | nobis ... (quis contra nos) [Afrika, Diehl no
2490 A].
62. Canpesis Domiti|us, dulcis anim|a, in pace vicsit | annis cin-
quanta [Rom, Diehl no 2664].
63. Decessit non. Iulis | pisinna Victoria | m. dece d. XIV in pace
[Rom, Diehl no 2820 A].
64. Hic positus est Argutio pitinnus | qui vixit annus plus minus
III et re|cessit die IV nonas Agustas dn. Arca|dio Acusto q. [Rom,
a. 406, Diehl no 2824 A].
65. Dep. III idus Mai. Iosimus qui | vixit annus XXVIII ... [Rom,
Diehl no 3822].
66. Onager qui vixit annis XXXVI | vixit cum cozuce annos III |
cozux fecit benemerenti [Rom, Diehl no 4246].
67. Marcius Maximianus tria ... | Faustine coniugi benemere ... |
sibi et ilei vixit anis XXXIII m. VIII d. VI | deposita VII kal. Feb.
[Rom, Diehl no 4554].
68. Orfitianus | pater fecit | filie Quiriaceni | anniclae et meserum |
quinque [Rom, Diehl no 4576].

9

69. Niceni merenti que bix|sit annos cinque e|t meses set. it diebus dece [Latium, Diehl no 4580].

70. Ora pro qui fecit quia ad magi|stru non amnavit et | bene fecit [Carthago, 6. Jahrh.?, Diehl, Latein. altchristl. Inschriften, no 270].

71. Quisquis in catecra sederit dabit vini cyathos[4] II [Pompeji, Notizie degli Scavi, Roma 1933, S. 277].

72. D. m. [e] Tessiae Marcelline Mara filia posit [Gallia Narb., CIL. XII, 2688].

73. Iulia Cecilia | vicxit anis XV | cui Terensus | marit. fecit | domum etern. [Mauretanien, CIL. VIII, 9927].

74. Balentine que vixit annos XXXVI | decessit VI Kal. Mar(tias) die Beneris | L(u)na XVII [Rom, Diehl, no 4382].

75. Hic iacet... uxor Corneli... | filia Porfori... que... recessit | die Mercuris ora VIII et deposita | die Iovis... [Rom, Diehl, no 701].

76. Qui hoc leget, nunc quam posteac aled legat [Pompeji, CIL. IV, 1837].

77. Pupa que bela es tibi me misit qui tuus es(t) val(e) [Pompeji, CIL. IV, 1234].

78. Fruere dunc vita data est [Rom, CIL. VI, 19683].

79. Venegestus previter in pacae dom(ini) dormit [Velletri, CIL. X, 6635].

80. Tecla vivat – deo cum marito seo [Arles, 'mediae aetatis', CIL. XII, 5692,9].

81. Ic iacet Gaudiosa infantula qui bissit annorum plus minus tres requievit in pacem: shalom [Sardinien, jüdisch, Notizie degli Scavi, 1964, S. 328].

82. Cuspio Rufino et | Statio Codrato | cos | Cladius Posidoni consacrav(it) [Moesia, a. 142 p. Chr., CIL. III, 12495].

83. Antipatra | dulcis tua | hic so et non so [Puteoli, CIL. X, 2070].

84. Justinus et Feli(citas)... Pitzinnina in pace... que vixit ann. XXVI [Rom, G. B. de Rossi, Inscr. Christ. urbis Romae, vol. I, 404].

IV. Carmina epigraphica

Gesammelt in der Ausgabe von Fr. Bücheler, Carmina latina epigraphica (Leipzig 1895–1897) mit Supplementum ed. E. Lommatzsch (1926).

1. Cogitato te hominesse et scito: moriendust. vale [Mittelitalien Fr. Bücheler, Carm. lat. epigr. no 241; CIL. IX, 3821].

2. (Schlußverse einer längeren Inschrift) Hospes, vive, vale! in

---

[4] *Die Originalinschrift zeigt statt* cyathos *ein Abkürzungszeichen.*

sumptum superet tibi semper, qua non sprevisti hunc lapidem dignum-
(que) dicasti [Brindisi, 1.–2. Jahrhundert, CIL. IX, 60].

3. Restitutus multas decepit sepe puellas [Pompeji, Bücheler no,
355].

4. Hic iacet Vetedinus (p)ietatis nobilis infas | cui tanta ... [Abruz-
zen, Bücheler no 508].

5. Omnia formonsis cupio donare puellis | set mihi de populo nulla
puella placet [Rom, Bücheler no 940].

6. Talia te fallant utinam medacia, copo: tu vedis acuam et bibes
ipse merum [Pompeji, CIL. IV, 3948].

7. Hic Severa sita est Virusi nepotula cara | quae iam vix vitae
tres inpleverat annos | quos inmaturos abstulit hora gravis | rapta
patri et matri raptaque dulcis | aviae hic circum me positi soror | et
frater quorum flevere parentes [Umbrien, Bücheler no 1314].

8. ... hoc ego su in tumulo Primus notissi|mus ille vixi Lucrinis
potabi saepe Fa|lernum balnia vina Venus mecum | senuere per annos
hec ego si potui | sit mihi terra lebis set tamen ad Ma|nes foenix me
serbat in ara, qui me|cum properat se reparare sibi [Ostia, Bücheler
no 1318, CIL. XIV, 914].

9. Stercorari | ad murum | progredere: si | presus fueris poena |
patiare necese | est cave [Pompeji, CIL. IV, 7038].

10. Quisquis | ama valia | peria qui n|osci amare... [Pompeji, CIL.
IV, 1173].

V. Defixionum tabellae

(Verfluchungstafeln)

Ausgewählt aus der Sammlung von Aug. Audollent, Defixionum tabellae quotquot innotuerunt tam in Graecis orientis quam in totius occidentis
partibus... Lutetiae Parisiorum 1904; vgl. dazu die Besprechung von
Wünsch, Berliner Philologische Wochenschrift, 1905, S. 1071–1082. Über
neuere Funde: Maurice Besnier in Rev. de philologie (Paris), 1920,
S. 5–30. – Zur Sprache: Maurice Jeanneret, La langue des tablettes
d'exécration latines. Thèse Neuchâtel. Paris-Neuchâtel 1918. Die Datierung
(nach Audollent S. 556) hat nur approximativen Wert.

Die meist auf Bleitafeln aufgezeichneten Verwünschungen richten sich
gegen einen Nebenbuhler oder sonstigen Feind. Sie appellieren an eine
rächende Gottheit oder einen bösen Dämon.

1. Dea Ataecina Turi|brig. Proserpina | per tuam maiestatem | te
rogo oro obsecro | uti vindices quot mihi | furti factum est quisquis |
mihi imudavit involavit | minusve fecit eas (res) q. i. s. s.[1] | tunicas VI

---

[1] = quae infra scriptae sunt.

(... pa)enula | lintea II in(dus)ium cu|ius i c v ... ignoro | ia ... ius |
vi² [Audollent no 122; Mérida; etwa 3. (?) Jahrhundert n. Chr.].

2. Malcio Nicones oculos | manus dicitos bracias uncis | capilo caput
pedes femus venter | natis umlicus pectus mamilas | collus os bucas
dentes labias | me(nt)us oclos fronte supercili | scaplas umerum nervias
ossu | merilas venter mentula crus | quastu lucru³ valetudines defico |
in as tabelas [Audollent no 135; Latium; 3. Jahrhundert n. Chr.].

3. Te rogo qui infer|nales partes tenes com|mendo tibi Iulia Fau-
stil|la Marii filia ut eam cele|rius abducas et ibi in numerum⁴ tu a(b)ias
[Audollent no 228; Karthago; 2. Jahrhundert n. Chr.].

4. Alimbeu | Columbeu | Petalimbeu | faciatis Victoria | quem
peperit Sua|vulva amante fu|rente pre amore | meo neque somnu |
videat donec at me | veniat puella(r)u d(eli)|cias [Audollent no 265;
Afrika; 3. Jahrhundert n. Chr.].

5. Adiuro te demon | quicunque es et de|mando tibi ex hanc | die
ex hanc ora ex oc | momento ... [Audollent no 293; Afrika.].

6. Βαχ(χυχ.....)⁵ qui es in Egipto magnu(s) | demon obliges
perobliges Maurussum vena|torem quem peperit Felicitas | εχρι
auferas somnum non dormiat | Maurussus quem peperit F(e)licitas |
Παρπαξιν deus omnipotens adducas | ad domus infernas Maurussum
quem | peperit Felicitas | Νοχτουχιτ qui possides tractus Ita|lie et
Campanie qui tractus es per | Acerushium lacum ...⁶ [Audollent no
250; Karthago; 3. Jahrhundert n. Chr.].

7. Desumatur | ut facia(s) il(l)um sine | sensum sine memo|ria sine
ritu⁷ sine | medul(l)a | sit vi mutuscus [Audollent no 300; Afrika;
3. Jahrhundert n. Chr.].

8. (Anfang verstümmelt) ... (t)rade morti fili(u)m Aselles Prae-
seti(ci)um pristinarium | qui manet in regione nona ubi videtur arte
sua | facere et trade Plutoni praeposito mortuorum | et si forte te con-
tempserit patiatur febris | frigus tortionis palloris sudores obbripi|
lationes meridianas interdianas seru|tinas nocturnas ab hac ora ab hac
die ab hac (nocte) | (e)t perturba eum ne repraeensionem abeat | et si
forte occansione⁸ invenerit praefocato eum | Praestetium fili|(um
Asell)es in termas (in) valneas in quocumque loco | cupede frange Prae-

---

² *Ende der Inschrift verstümmelt.*

³ = quaestum lucrum.

⁴ *D. h.* in numerum defunctorum.

⁵ *Die Namen der angerufenen Dämonen werden aus kabbalistischen Gründen in griechischer Schrift gegeben.*

⁶ *Wir geben hier nur die ersten 11 Zeilen der an Wiederholungen reichen
Inschrift.*

⁷ *Die von Mommsen vorgeschlagene Korrektur* spiritu *scheint mir unnötig.*

⁸ *Gelegenheit (sc. gesund zu werden).*

seticio Aselles et [si] forte te seducat per aliqua | (artifici)a et rideat
de te et exsultetur tibi | vince peroccide filium mares Praesete|cium
pristinar(iu)m filium (A)selles | qui manet in regione (nona ed)e ede |
tacy tacy[9] [Audollent no 140; Rom; 2.–3. Jahrhundert n. Chr.].
    9. (De)mando ut facia(s) (i)lum mortu(m), depona(s) eum at Tar-
tara [CIL. VIII, 19525 b; Numidien].

VI. Itala und Vulgata

Die Anfänge der lateinischen Bibelübersetzung sind seit der zweiten Hälfte
des 2. Jahrhunderts gesichert. Die lateinische Übersetzung ist kein organisch
einheitliches Werk, sondern man übersetzte, was man für die Predigt und
andere kultische Zwecke jeweils benötigte. Bald war der Text genaue Über-
tragung, bald mehr freiere Auslegung. Viele Teile einer älteren Übersetzung
sind enthalten in der patristischen Überlieferung (Tertullian, Cyprian, Luci-
fer Calaritanus, Augustin). So kam es zu einer sehr großen Mannigfaltigkeit
in der Wiedergabe der einzelnen Bibelteile, die noch durch regionale Sprach-
unterschiede verstärkt sein dürfte. Für diese älteren, vor Hieronymus liegen-
den lateinischen Übersetzungen hat sich der (mißverständliche) Name *Itala*
(nach einer von Augustin gebrauchten Bezeichnung) eingebürgert. Wir behal-
ten diesen Namen bei, weil er in knappester Form den Gegensatz zur *Vulgata*
ausdrückt. Wissenschaftlich richtiger ist es, von Prävulgatatexten oder einer
Versio vetus Latina zu sprechen. Aus der Masse der einzelnen Bibelteile, die
zusammen die Itala bilden, hebt sich eine Gruppe heraus (zu der auch die sehr
ausführlichen Zitate des afrikanischen Bischofs Cyprian gehören), die sich
durch eine besondere, dem sermo rusticus nahestehende Sprachform auszeichnet: *versio Afra*. Hauptvertreter der afrikanischen Redaktion sind der Cod. *k*
Bobbiensis (Turin, 5. Jahrhundert) und der Cod. *e* Palatinus (Trient, 5. Jahrhundert). – Aus dem Gedanken einer Vereinheitlichung der vielen abweichen-
den Lesarten zusammen mit dem Ziel einer größeren Übersetzungstreue (unter
Zugrundelegung des hebräischen Textes für das alte Testament) entstand
zwischen 383 und 405 die *Vulgata* des Hieronymus.
    Das grundlegende Sammelwerk der Italatexte war bisher P. S a b a t i e r ,
Bibliorum sacrorum Latinae versiones antiquae (Reims 1743–49). Wichtige
Codices wurden seitdem kritisch herausgegeben von S c r i v e n e r (1864),
R a n k e (1868, 1888), R o b e r t (1881, 1900), Z i e g l e r (1883), W o r d s -
w o r t h (1883–1911) und J ü l i c h e r (1938–1940). – Eine Neuausgabe der
gesamten Itala-Überlieferung hat 1949 zu erscheinen begonnen: Die Vetus
Latina, Die Reste der altlateinischen Bibel, nach P. Sabatier neu gesammelt
und herausgegeben von der Erzabtei Beuron (Freiburg 1949 ff.). Der erste
Band dieser Ausgabe (hrsg. von B o n i f. F i s c h e r) enthält ein Verzeichnis
der heute bekannten Itala-Handschriften und der vorhandenen Ausgaben.
    Ausgabe der Vulgata: B e n e d i k t i n e r - A u s g a b e Biblia Sacra juxta
vulgatam versionem (Rom 1926 ff.).

---

[9] *Die letzten Worte sind griechisch:* ἤδη ἤδη ταχύ ταχύ 'so schnell wie
möglich'.

Wichtigste Literatur zur sprachlichen Form der Übersetzungen: H. R ö n s c h, Itala und Vulgata, Marburg–Leipzig 1875 (Neudruck: München 1965); H a n s v. S o d e n, Das lateinische Neue Testament in Afrika zur Zeit Cyprians, Leipzig 1909; H. J. V o g e l s, Untersuchungen zur Geschichte der lateinischen Apokalypseübersetzung, Düsseldorf 1920; W. E. P l a t e r and H. J. W h i t e, A grammar of the Vulgata, Oxford 1926; P. W. H o o g t e r p, Etude sur le latin du Codex Bobiensis (k) des Evangiles, Wageningen 1930; W. S u e s s, Das Problem der lateinischen Bibelsprache (in: Histor. Vierteljahresschrift, Bd. 27, 1933, S. 1 ff.). – Weitere bibliographische Hinweise: M. S c h a n z, Geschichte der römischen Literatur, München 1922, § 772.

Matthaeus 13, 1–9, 24–30

In der linken Spalte geben wir den Text nach dem cod. *b* Veronensis als Beispiel für die 'europäische' Textgestaltung der Itala, in der rechten Spalte nach dem cod. *k* Bobiensis als Beispiel für die afrikanische Itala. Varianten geben wir nur in einigen Fällen für die erste Gruppe aus dem cod. Vercell. *(a)*, für die zweite Gruppe aus dem cod. Palat. *(e)*. Alles nach: A d. J ü l i c h e r, Itala, Das Neue Testament in altlateinischer Überlieferung. Bd. 1: Matthäus-Evangelium, Berlin 1938, S. 81 ff. – Zum Vergleich folgt unten der Text der Vulgata.

1 Eodem die exiit Iesus secus
2 mare et sedebat. Et congregatae
sunt ad eum turbae, ita ut in
naviculam (*a* in navicula) ascenderet et sederet, et omnes turbae
3 stabant in littore. Et locutus est
ad eos multa in parabolis dicens:
Ecce exiit seminator (*a* qui semi-
4 nat) seminare semen suum. Et cum
seminat, quaedam caeciderunt secus viam, et venerunt volucres
5 caeli et comederunt ea. Quaedam
autem ceciderunt in petrosa loca,
ubi non habebant terram multam.

In illa die exivit Iesus et sedebat ad (*e* iuxta) mare. Et collectae
sunt ad eum turbae multae, ita
ut in navem ascenderet et sederet
et omnis turba (*e* universus popu-
lus) ad litus stabat. Et locutus est
illis multa in similitudinibus dicens: Ecce exivit seminans seminare semen suum. Et in seminando
quaedam caeciderunt iuxta viam
et venerunt volatilia et consump-
serunt ea. Alia autem exciderunt
in petrosa, ubi non habent terram
multam. Et continuo fruticave-

In illo die exiens Iesus de domo sedebat secus mare et congregatae sunt ad eum turbae multae ita ut in naviculam ascendens sederet et om-nis turba stabat in litore et locutus est eis multa in parabolis dicens: Ecce exiit qui seminat seminare et dum seminat, quaedam ceciderunt secus viam et venerunt volucres et comederunt ea. Alia autem ceciderunt in petrosa, ubi non habebant terram multam. Et continuo exorta sunt, quia non habebant altitudinem terrae. Sole autem orto aestuaverunt et, quia non habebant radicem arureerunt. Alia autem ceciderunt in spinas, et

14

Et continuo exhorta sunt, quia non habebant altitudinem terrae. ⁶ Sole autem orto aestuaverunt et, quia non habebant radicem, arue-⁷ runt. Alia autem ceciderunt in spinis (*a* in spinas), et creverunt spinae et suffocaverunt ea. Alia vero ceciderunt in terram bonam, et dabant fructum, quaedam centensimum (*a* centesimum), aliud ⁹ sexagensimum, aluit vero tricensimum. Qui habet aures audiendi, audiat. . . . .

. . . .

²⁴ Aliam parabolam (*a* paravolam) proposuit illis dicens: Simile est regnum caelorum homini qui seminavit bonum semen in agro ²⁵ suo. Cum autem dormirent homines eius, venit inimicus eius et superseminavit zizania in triti-²⁶ cum et abiit. Sed cum crevisset herba et fructum fecisset, tunc apparuerunt (*a* apparuit) zizania. ²⁷ Accesserunt autem servi patris familias et dixerunt ei: Domine, nonne bonum semen seminasti in agro tuo? Unde ergo habet ziza-²⁸ nia? Et ait illis: Inimicus homo hoc fecit (*a* fecit hoc). Dicunt ei servi: Vis, imus et colligimus ea? ²⁹ At ait illis: Nolite (*a* Non), ne

runt, eo quod non habuerunt altitudinem terrae. Solo autem [m]ortu aestuaverunt, et eo quod non habuerunt radicem, aruerunt. . . in spinas, et ascenderunt spineae et suffocaverunt ea. Alia autem caeciderunt in bonam terram et dabunt fructum, aliut censum (*e* cum centensimum), aliut sexaginta (*e* cum sexacensimum), aliut triginta (*e* vero cum tricensimum). Qui habet aures audiendi audiat.

. . . .

. . . .

Aliam similitudinem locutus est dicens: Similatum est regnum caelorum homini seminanti bonum semen in agro suo. Et cum dormiunt homines, venit inimicus eius et seminavit zizania inter frumentum (*e* in medio tritici) et abiit. Cum autem crevit verba (*e* herba) et fructum fecit, tunc adparuerunt zizania. Accesserunt autem servi patris (*e* ad patrem) familias et dixerunt: Domine, non bonum semen seminasti in agro? Unde ergo habet zozania? Ait illis: Homo inimicus hoc fecit. Dicunt ad eum (*e* ei) servi eius: Vis, eamus (*e* imus) et colligamus (*e* colligimus) ea (*e* illa)? Dicit

creverunt spinae et suffocaverunt ea. Alia vero ceciderunt in terram bonam et dabant fructum, aliud centesimum, aliud sexagesimum, aliud tricesimum. Qui habet aures audiendi audiat . . . . . . Aliam parabolam proposuit illis dicens: Simile factum est regnum caelorum homini qui seminavit bonum semen in agro suo. Cum autem dormirent homines, venit inimicus eius et superseminavit zizania in medio tritici et abiit. Cum autem crevisset herba et fructum fecisset, tunc apparuerunt et zizania. Accedentes autem servi patris familias dixerunt ei: Domine, nonne bonum semen seminasti in agro tuo? Unde ergo habet zizania? Et ait illis: Inimicus homo hoc fecit. Servi autem dixerunt ei: Vis,

15

forte colligentes zizania, eradicetis
30 simul et triticum. Sed sinite utraque crescere usque ad messem, et
in tempore messis dicam messoribus: Colligite primum zizania, et
alligate (*a* colligate) ea fasciculis
(*a* fasciculos) ad comburendum.
Triticum autem congregate in
horreum meum.

illis: Non, ne forte dum (*e* cum)
colligitis zizania, eradicetis simul
et frumentum cum eis. Sinite am-
bos crescere usque ad messem, et
in tempore messis dicam messoribus: Colligite primo zizania et
alligate (*e* facite) fasciculos (*e*
manipulos) ad exurendum ea,
frumentum autem colligite in horreum meum (*e* in horreo meo re-
ponite).

. . . .
. . . .

imus et colligimus ea? Et ait: Non, ne forte colligentes zizania eradicetis simul cum eis et triticum. Sinite utraque crescere usque ad messem
et in tempore messis dicam messoribus: Colligite primum zizania et
alligate ea fasciculos ad comburendum. Triticum autem congregate in
horreum meum.

VII. Aus der Appendix Probi

Überliefert in einem Palimpsest aus Bobbio des 7. oder 8. Jahrhunderts
unter mehreren grammatischen Traktaten, die sich anschließen an die 'Instituta artium' des Grammatikers Probus. Entstanden etwa im 3.–4. Jahrhundert.[1] Ob der Grammatiker, der diesen Antibarbarus verfaßt hat, in Afrika
(Karthago) oder in Rom gelebt hat, läßt sich schwer erweisen; vgl. dazu G.
Paris in Mélanges Renier, 1887, S. 301 ff.; Karl Sittl im Arch. für lat.
Lexikogr. Bd. 6, S. 557. – Ausgaben: Wendelin Foerster in den Wiener
Studien, Bd. 14, 1892, S. 294 ff. und im Altfranz. Übungsbuch von Foerster
und Koschwitz, Leipzig 1911, S. 226 ff.; W. Heraeus, mit Kommentar
im Arch. für lat. Lexikogr. Bd. 11, S. 301 ff. – Zur Frage des Verfassers: K.
Barwick, Hermes Bd. 54, S. 409 ff. – Kommentar: W. A. Baehrens,
Sprachlicher Kommentar zur vulgärlateinischen Appendix Probi (Halle 1922);
vgl. dazu Max Niedermann, Literaturblatt für germ. u. rom. Philol.
Bd. 45, 1924, S. 307 ff. Eine kommentierte Ausgabe enthalten auch die Fontes
do latim vulgar von S. Silva Neto, Rio de Janeiro 1956 (s. dazu J. Jud
in Vox Romanica, XI, 234–239) und die Testi latini arcaici e volgari von V.
Pisani (1960), pp. 170–181. – Wir geben eine Auswahl des Wichtigsten im
Anschluß an Foerster (1911).

[1] Für eine viel spätere Zuweisung des Traktats in die Zeit der langobardischen Herrschaft plädiert neuerdings C. A. Robson (Le Moyen Âge, 1963.
S. 37–54): nicht überzeugend; s. dazu das negative Urteil von Fr. Sabatini
in Studi Ling. italiani, vol. IV, 1963, p. 140.

speculum non speclum
masculus non masclus
vetulus non veclus
articulus non articlus
5 vacua non vaqua
cultellum non cuntellum
hercules non herculens
pecten non pectinis
avus non aus
10 miles non milex
coqus non cocus
coquens non cocens
pauper mulier non paupera mulier
calida non calda
15 frigida non fricda
vinea non vinia
ostium non osteum
cocleare non cocliarium
alveus non albeus
20 favilla non failla
formosus non formunsus
ansa non asa
auris non oricla
camera non cammara
25 pegma non peuma

oculus non oclus
aqua non acqua
occasio non occansio
terebra non telebra
30 tabula non tabla
fax non facla
vico capitis Africae non vico
    caput Africae
pusillus non pisinnus
persica non pessica
35 hirundo non harundo
nurus non nura
socrus non socra
anus non anucla
rivus non rius
40 sibilus non sifilus
tymum non tumum
myrta non murta
viridis non virdis
labsus non lapsus
45 februarius non febrarius
tintinaculum non tintinabulum
vapulo non baplo
vobiscum non voscum
olim non oli

VIII. Das Kochbuch des Apicius

Der Verfasser des Kochbuches ist uns nicht bekannt. Daß ein gewisser
Caelius sein Verfasser sei ('Der *Apicius* des Caelius'), hat sich als eine Erfin-
dung der Humanisten erwiesen. Das anonyme Werk ist ein Handbuch, das
alles Wissenswerte über Kochrezepte, diätetische Vorschriften, Konservie-
rung von Früchten, Bereitung von Getränken in knappester Form für Arm
und Reich aus den verschiedensten Quellen (darunter auch aus dem berühmten Kochbuch des Apicius) zusammenfaßte. – Entstehungszeit: gegen Ende
des vierten Jahrhunderts. Zur Entstehungsgeschichte: E. B r a n d t, Untersuchungen zum römischen Kochbuche (Versuch einer Lösung der Apicius-
Frage), in Philologus, Suppl. Bd. 19, Heft 3, Leipzig 1927. Ausgabe: Apicii
librorum X qui dicuntur De re coquinaria, ed. C. G i a r r a t a n o et Fr.
V o l l m e r, Lipsiae 1922. Die Zahlen geben Kapitel und Paragraphen an.
Einige Varianten wurden aus den Handschriften E und V beigefügt.

IV, 2,4. A l i t e r p a t i n a f u s i l i s : accipies holisatra, purgas, lavas,
coques, refrigerabis, restringes. Accipies cerebella IV, enervabis, coques.

17

Adicies in mortario piperis scripulos VI, suffundes liquamen, fricabis. Postea adicies cerebella, fricabis iterum. Adicies holisatra et simul conteres. Postea franges ova VIII, adicias cyathum liquaminis, vini cyathum, passi cyathum, contrita simul temperabis. Patinam perunges, impones in thermospodio. Postea cum (*EV* quod) coctum fuerit, piper asparges et inferes.

IV, 2,13. **Patinam ex lacte:** nucleos infundes et siccas. Echinos recentes iam praeparatos habebis. Accipies patinam, et in eam compones singula infra scripta: mediana malvarum et betarum et porros maturos, apios, holus molle et viridia elixa, pullum carptum ex iure coctum, cerebella elixa, lucanicas (*EV* Lucania), ova dura per medium incisa. Mittes longaones porcinos ex iure Terentino farsos, coctos, concisos, iecinera pullorum (*EV* pollorum), pulpas piscis aselli (*EV* ascelli) fricti, urticas marinas, pulpas ostreorum, caseos recentes. Alternis compones, nucleos et piper integrum asparges. Ius tale perfundes: piper, ligusticum, apii semen, silfi. Coques. At ubi cocta fuerit, lacte (*EV* lactem) colas, cui cruda ova commisces, ut unum corpus fiat, et super illa omnia perfundes. Cum cocta fuerit (addes) echinos recentiores, piper asperges et inferes.

IV, 2,25. **Patellam Lucretianam:** cepas pallachanas purgas (viridia earum proiicies), in patinam concides. Liquaminis modicum, oleum et aquam. Dum coquitur, salsum crudum in medium ponis. At ubi cum salso prope cocta fuerit, mellis (*EV* melle) cochleare asparges, aceti et defriti (*E* defreti, *V* defrethi) pusillum. Gustas. Si fatuum fuerit, liquamen adicies, si salsum, mellis modicum. Et coronam bubulam aspergis, et bulliat.

V, 2,2. **Lenticulam de castaneis:** accipies caccabum novum, et castaneas purgatas diligenter mittis, adicies aquam et nitrum modice, facies ut coquatur. Cum coquitur, mittis in mortario piper, cuminum, semen coriandri, mentae, rutae, laseris radicem, puleium, fricabis ... Adicies oleum, facies ut ferveat. Cum bene ferbuerit, tudiclabis (*EV* tutunclabis) ... Gustas. Si quid deest, addes.

V, 4,2. **Conchiclam Apicianam:** accipies Cumanam mundam, ubi coques pisam, cui mittis lucanicas concisas, isiciola porcina, pulpas, cepam siccam ... Igni lento coques ita ut ferveat et inferes.

IX. Probus Grammaticus

Als der Verfasser der 'Instituta artium', einer grammatischen Abhandlung über die acht Redeteile, gilt ein gewisser Probus. Er ist nicht identisch mit dem berühmten Philologus Valerius Probus (Ende des 1. nachchr. Jahrhunderts), sondern gehört dem 4. Jahrhundert an; vgl. dazu J. Steup, De Probis grammaticis, Jena 1871. Die Abhandlung ist als wissenschaftliche Leistung

höchst mittelmäßig, gibt aber gewisse Aufschlüsse für die damalige Umgangssprache. – Ausgabe: Probi instituta artium, ed. H. K e i l , in den Gramm. lat.
vol. IV, S. 47–192, Leipzig 1864. Aus der weitschweifigen Darstellung geben
wir nur einige auf Grund längerer Diskussion gewonnene Lehren des Grammatikers. Die Zahlen geben Seiten und Zeilen der Ausgabe von Keil.

83,17. Nunc cum idem dicat Vergilius *pauper in arma pater* et
genitore *Adamasto paupere,* et ideo *pauper domus,* non *paupera* pronuntiavit.

113,20. Et ideo *hoc ovum,* non *hoc oum* facere pronuntiatur.

124,7. Et ideo *hoc solstitium,* non *hoc solstitiu* facere pronuntiatur.

125,5. Et ideo *haec viscera hoc viscus,* non *hoc viscum* facere de-
monstratur.

125,15. Et ideo *haec corna hoc cornum,* non *hoc cornu* facere pronuntiatur.

126,29. Nunc cum dicat Terentius in Eunucho *copui fartores* et
cetera, utique iam *coquum* per *q,* non per *c* litteram scribi demonstrat.

160,14. . . . numeri singularis *probavi* non *probai, probasti* non *pro-
baisti, probavit* non *probait;* numeri pluralis *probavimus* non *probai-
mus, probavistis* et *probastis, probaverunt* et *probarunt* et *probavere.*

182,11. Quaeritur, qua de causa *calcavi* et non *calcai* dicatur . . . et
ideo *calcai* barbarismus esse pronuntiatur.

182,21. Quaeritur, qua de causa *coquo* et non *coco* dicatur . . . Nunc
cum dicat Terentius *coqui fartores* et cetera, utique iam *coquo,* non
coco facere pronuntiavit.

185,9. Quaeritur qua de causa *adno* et non *adnao* dicatur . . . Nunc
cum dicat Vergilius *adnabant pariter,* utique iam *adno,* non *adnao*
facere pronuntiavit.

185,24. Nunc cum dicat Vergilius *fuge litus avarum,* utique iam
infinito modo *fugere,* non *fugire* facere pronuntiatur.

185,34. Quaeritur qua de causa *ferbeo* et non *ferveo* dicatur . . .,
Nunc cum et hoc verbum *ferbui* facere reperiatur, et ideo *ferbeo,* non
ferveo facere pronuntiatur.

X. Mulomedicina Chironis

Die unter dem Namen des Chiron bekannte Mulomedicina ist ein Sammel-
werk aus griechischen Schriften verschiedener Zeit, zu denen auch ein Traktat
von Chiron gehört. Der unbekannte Bearbeiter bzw. Übersetzer hat in der
zweiten Hälfte des 4. Jahrhunderts gelebt. Die schwülstige Breite der Darstellung ('eloquentiae inopia') und die 'vilitas sermonis' sind schon von Vege-
tius getadelt worden, der dieses Traktat als Quelle für seine eigene 'Mulomedicina' benutzt hat. Die mit Gräzismen sehr durchsetzte Sprache zeigt große
grammatische Unsicherheit. Spätere Kopisten haben gewisse Vulgarismen wie-

der beseitigt. – Ausgabe: Mulomedicina Chironis, ed. E u g. O d e r, Lipsiae 1901. – Zur Überlieferung siehe den Artikel 'Mulomedicina' von K. H o p p e bei Pauly-Wissowa, Realencyklopaedie, Bd. 16, S. 507 ff. – Zur Sprache: E d. W ö l f f l i n, Arch. für lat. Lex. 10,421 ff.; L o m m a t z s c h, ib. 12,401 ff. u. 551 ff.; P i r s o n in der Festschr. zum 12. Neuphilologentage (Erlangen 1906), S. 390 ff.; H e l g e A h l q u i s t, Studien zur spätlateinischen Mulomedicina Chironis (Upsala 1909); S i g f r. G r e v a n d e r, Untersuchungen zur Sprache der Mulomedicina Chironis (Lund 1926). Die von Grevander (S. 129 ff.) aus einem Vergleich mit den heutigen romanischen Sprachen gewonnene Ansicht, daß der Verfasser der Mulomedicina aus Sardinien stammen könne, erscheint mir nicht überzeugend. – Die Zahlen geben die Kapitel der Ausgabe von Oder. Für die Textgestaltung wurden die Besserungen der kritischen Ausgabe von M. N i e d e r m a n n, Proben aus der sogenannten Mulomedicina Chironis (Heidelberg 1910) herangezogen.

47. Si iumentum cambam percussam habuerit et tumorem concitaverit, sic curabis. Cretam Cimoleam et rubricam ex aceto macerabis et cambam oblinito. Si quod iumentum cambosum factum fuerit, sic recens est eius remedium. Sanguinem emittito de tibia, continuo lanam succidam ligabis circum cambam. Cave ne eam fomentes. Talis enim curatio sic curatur. Cave ne illam cauteries. Malagma uteris cruda, quae infra scripta est. Tertio quoque die solvis. Cum tibi videbitur ambulatio recta esse, causticum induces. Sanum fiet.

79. Quodcunque iumentum oculum myocephalum habuerit . . . Quod curatur sic. Acerrimo collirio nimis assidue inungebis ter aut quater diurnum, calda fovebis. Similiter si se coeperit extenuare, sequeris eam curam, donec sanum fiat . . .

228. Si quod iumentum calculosum fuerit, signa demonstrant haec. Torquebitur, gemet . . . nunquam meiare potest . . . Quod vitium plerumque in pusillas aetates contingit. Quod sic invenies. Digitos in interiorem partem ani subicies . . . caucolum ibi invenies . . . Similiter et cervicem vesice per ipsum foramen digitos subicies interius deiossum versus et caucolum invenies. Quod ex ipso foramine caucolum lithulco exues et curabis clisteribus collecticis . . .

399. De praeobturationes. Siquod iumentum praeobturatum factum fuerit, signa erunt haec. Habebit caudam extensam, et nares ei constabunt[1] et de pedes feriet terram, et omne stercus odoratur, et subala ei sudat . . . et tanquam qui meiare volet, volutat. Contingit autem ob hoc, si stentinus reversabit se, per quem solent iumenta adsellari, cum eius stentini pars foras se misit et vix redit. Quod curatur sic: . . .

470. De musculorum vexatione. Si quod iumentum ab utrisque musculis vexabitur, qui subiecti sunt renibus, signa huius erunt haec . . . Optimum est non movere illum iumentum de loco. Quotiens ceciderit, perfundere eum aqua frigida et alio loco unctionibus uti.

---

[1] *Oder konjiziert* non constabunt.

514. Vipera si momorderit iumentum, ex morsu eis pus solet exire. Nam si praegnans erit, rumpitur totum corpus.

593. Si quod iumentum parcellides submiserint, sic intelliges. Iosu quam genu ab interiore parte tubiscula ex osso nata invenies... Sic curabis:...

691. Quodcunque iumentum umbone renali super vertebulum coxae eminens aliquid habuerit, sic curato. Si collectionem fecerit, ut eum ossum fractum eximas et quascunque astulas fractas vel asperas inveneris, caedis...

698. Quodcunque iumentum ab stercore equalis, quod femum vocatur, collectionem in ungulam fecerit, famicem quod appellamus [fenici], vel si clavum calcaverit, sic intelligis. Prodiens super caput ungulae calcabit et pedem assidue a terra suspendit, cuius ungula ferventem invenies...

957. De porcis. Ad sues medicamentum. Adpones fabam solidam in vase aeneo, coques... usti[2] radicem. Deinde cum coctum fuerit, coicies estercus gallinacium, in uno fabam contundes in pilam ligneam, et quam coctum fuerit coicies ergo gallinaceam vivam et aquae pusillum...

960. ... Sunt autem certi colores in equis numero VIII, quorum et nomina certo vocabulo continentur... Nomina coloris haec erunt: primus albus, secundus rufeus, tertius badeos, quartus murteus, quintus niger, sextus spanus, septimus sturninus[3], octavus gilus.

986. Si quod iumentum apiosum erit, sic eum intelligis. Caput suum in praesepium inpellit, oculi non palpebrant, extensi sunt, subito spaumum patiuntur. Et cum illum a loco suo petere voles, si non illum tenueris, cadet. Sic eum curabis...

XI. Servius Grammaticus

Aus dem Kommentar des Servius (um 400 n. Chr.) zu den Artes des Aelius Donatus. Ausgabe: H. Keil, in den Grammatici Latini, vol. IV, S. 473–565, Leipzig, 1864. Die Zahlen geben Seiten und Zeilen der Ausgabe von Keil.

440,12. Nec duae praepositiones interveniente adverbio sociandae sunt. Praepositio etiam *de* non potest adiungi nomini interveniente adverbio, ut *de trans Tiberim venio*, quem ad modum *illinc venio*.

493,20. Hinc de ostreis quaesitum est, cuius essent generis. Animal est aut non est animal: si animal est, neutrum non est, sed femininum;

---

[2] *Verderbte Stelle.*

[3] *In der Ha.* scurninus; *Oder druckt* cervinus; *Emend. nach Heraeus Arch.* f. lat. Lex. 14, 123.

si non est animal, neutrum erit ... Ideo ista differentia servatur ... ut ita dicamus *frange omnia ista ostrea* ... et *comedi multas ostreas.*

517,22. *Usque* talis est inter praepositiones, ut sola possit recipere alteram praepositionem. Nemo[1] enim dicit *de post forum,* nemo enim *ab ante;* at vero dicimus *ad usque* et *ab usque* ...

XII. Marcellus Empiricus

Ohne studierter Arzt zu sein, schrieb der aus Burdigala stammende Marcellus Empiricus um das Jahr 410 ein aus vielen Quellen geschöpftes Rezeptbuch. Dieses zeichnet sich aus durch starkes Auftreten abergläubischer Vorstellungen und eine besondere Vorliebe für das Schmutzige. Das Buch ist eine wertvolle Quelle für den alten Volksglauben und für die galloromanische Latinität. – Ausgabe: Marcelli de medicamentis liber, rec. M a x. N i e d e r - m a n n, Lipsiae 1916; mit deutscher Übersetzung von E. L i e c h t e n h a n (Berlin 1968). – Zum Sprachlichen: P. G e y e r, Spuren gallischen Lateins bei Marcellus Empiricus, Arch. f. lat. Lex. 8, S. 469–481; E d. L i e c h t e n h a n, Sprachliche Bemerkungen zu Marcellus Empiricus, Diss. Basel, 1917. Über die Zaubersprüche, s. R i c. H e i m, Incantamenta magica, Jahrb. für klass. Philol., Suppl.-Band 19 (1893), S. 465 ff. (besonders 549, 482, 546, 492, 545); J a k. G r i m m, Kleinere Schriften, Bd. II, S. 114 ff., 152 ff. – Die Zahlen beziehen sich auf Kapitel und Paragraphen der Ausgabe von Niedermann.

III, 9. (Ad vertiginem capitis). Trifolium herbam, quae Gallice dicitur visumarus, aqua frigida macerato et eam aquam diebus decem bibito, sed ut herbam cotidie mutes.

VII, 13. (Ad nigrandum capillum). Herba quae Graece acte, Latine ebulum, Gallice odocos dicitur, exprimitur etiam cum suis granis eiusque suco cotidie inlito pectine crines, qui inficiendi sunt, perducuntur.

IX, 43. Ad auriculae dolorem astlae regiae radicis sucus cum melle vel vino infunditur.

IX, 98. Spuma equi recens detracta et cum oleo roseo infusa auricularum quamvis vehementes dolores resolvit.

XVI, 101. Ad tussem remedium efficax: Herba, quae Gallice calliomarcus, Latine equi ungula vocatur, collecta luna vetere liduna die Iovis siccata prius in ollam novam mittitur cum prunis ardentibus, quae intra ollam mitti debent. Superficies sane eius argilla diligenter claudi debet et calamus inseri, per quem umor vel fumus caloris hauriatur intra os, donec arteria omnia et stomachum penetret.

XVI, 105. (Unctio ad pulmonem curandum.) Haec omnia ad vaporem soluta miscentur et quando aeger ungueri habet, tolles ex eo uncias VI ad triduanam unctionem ... et iacens in lecto unguatur lenta satis manu.

---

[1] *Man verstehe 'kein Gebildeter'; vgl. Pomp. gramm. (ed. Keil) 5, 273;* item qui male loquuntur modo ita dicunt *depost illum ambulat.*

XX, 68. Fastidium stomachi relevat papaver silvestre quod Gallice calocatanos dicitur, tritum et ex lacte capruno potui datum.
XX, 115. Antidotum Hadriani, quo utebatur Caesar Augustus. Quae potio dat omni corpori fortitudinem. Quisque enim ea usus fuerit, ... nec tussem nec perfrictiones nec pasmos nec coli dolores sentiet...
XX, 126. (Ad stomachi dolorem.) Oxyporium cydonite, quod facit ad stomachum et tussem... Conficitur sic: cydonea matura purgabis deforis et deintus et pensabis ad pondo tria coquesque ex mulso in olla rudi et, cum fuerint cocta, eicies de olla in catinum vel mortarium...
XXI, 2. Ad corcum carmen. In lamella stagnea scribes et ad collum suspendes haec: *Ante cane corcu nec megito cantorem ut hos ut hos ut hos; praeparabo tibi vinum, leva libidenem, discede a nonnita, in nomine domini Iacob, in nomine domini Sabaoth.* Item ad id aliud carmen: *Corce corcedo stagne,*

> *Pastores te invenerunt,*
> *Sine manibus colligerunt,*
> *Sine foco coxerunt,*
> *Sine dentibus comederunt*[2].

Tres virgines in medio mari mensam marmoream positam habebant; duae torquebant et una retorquebat. Quomodo hoc numquam factum est, sic numquam sciat illa Gaioseia corci dolorem.
XXI, 6. (Ad cordis dolorem.) Pinus viridis acuculae contritae ex vino optimo potui datae cordis dolorem sedant, ita ut qui potionem acciperit pinguibus escis abstineat.
XXII, 34. Potio saluberrima ad epaticos a Procliano medico ostensa: Ficatum lupi integrum foliis lauri involves et ita ad solem vel ad ignem siccabis et siccatum diligenter sublatis foliis in pulverem rediges. Quem pulverem in vasculo nitido servabis... in potione ieiuno dabis... ita ut accepta potione contractis genibus hora integra in dextro latere iaceat et postea vel una hora deambulet.
XXVIII, 16. Carmen ad rosus sive hominum sive animalium diversorum sic. Palmam tuam pones contra dolentis ventrem et haec ter novies dices: *Stolpus a caelo cecidit; hunc morbum*

> *Pastores invenerunt,*
> *Sine manibus colligerunt,*
> *Sine igni coxerunt,*
> *Sine dentibus comederunt.*

---

[2] *Über den Zusammenhang der Zauberformel mit dem Volksrätsel des Typus 'Ich sah einen Vogel federlos, auf einem Baum blattlos...' s. K. Ohlert, Philologus Bd. 53 (1894), S. 749 ff.*

XXXIV, 53. Etiam urina canis virginis cum suo luto inposita callos verrucasque consumit...

XXXIV, 104. Ad pollicem contusum nucem iuglandem cute interiore mundabis et criblabis et cum modico mellis apones; continuo sanabis.

XIII. Itinerarium Egeriae (Aetheriae)

Ausgaben: S. Silviae, quae fertur, peregrinatio ad loca sancta, ed. P. G e y e r in den Itinera Hierosolymitana saec. IV–VIII, Wien 1898 (= Corp. Script. Eccles. Latin., vol. 39), S. 37–101 (mit ausführlichem Wort- und Namenregister); S. Silviae Peregrinatio, The text and a study of the latinity by E d w a r d A. B e c h t e l, Chicago 1902; E. F r a n c e s c h i n i, Aetheriae peregrinatio ad loca sancta, Padua 1940; kleine Handausgabe von W. H e r a e u s, Silviae vel potius Aetheriae peregrinatio ad loca sancta, Heidelberg 1921, jetzt ersetzt durch die Ausgabe von O t t o P r i n z, Itineraeium Egeriae, Heidelberg 1960. – Zur Sprache: Philologischer Kommentar zur Peregr. Aetheriae, Untersuchungen zur Geschichte der lateinischen Sprache von E i n a r L ö f - s t e d t, Uppsala-Leipzig 1911, 360 S. (ganz hervorragend); vgl. auch E d. W ö l f f l i n, Über die Latinität der Peregrinatio ad loca sancta, Arch. f. lat. Lex. 4, S. 259–276. Wörterbuch: W. v a n O o r d e, Lexic. Aetherianum, Amsterdam 1930. (Neudruck: Hildesheim 1963); A. E r n o u t, Le vocabulaire de la Peregrinatio Egeriae, in: Aspects du vocabulaire latin (Paris 1954), S. 199–219; D o n a l d C. S w a n s o n, A formal analysis of Egeria's vocabulary, in Glotta 44, 1967, S. 177–254. – Spezialbibliographie: C. B a r a u t, Bibliografía Egeriana, in Hispania Sacra 7, 1954, S. 203–215. – Handschrift des 11. Jahrhunderts in Monte Cassino geschrieben.

Autorschaft und Datierung der Reisebeschreibung sind lange Zeit umstritten gewesen. Als Verfasserin galt ursprünglich eine S. Silvia, später eine Äbtissin Aetheria. Die Datierung schwankte zwischen 380 und 540, vgl. dazu L ö f s t e d t (S. 4 ff.); K. M e i s t e r in Rheinisches Museum 64, 1901, S. 337 ff.; C. J a r e c k i in Eos, Bd. 31, 1928, S. 1–21, Bd. 32, S. 43–70, Bd. 33, S. 241–288. – Neuere Forschung identifiziert die Verfasserin mit einer spanischen Nonne Egeria und hat für ihre Reise die Jahre 415–418 sehr wahrscheinlich gemacht, vgl. J. F. M o u n t f o r d in Classical Quarterly, Bd. 17, 1923, S. 40 ff., A. L a m b e r t in Revue Mabillon Bd. 26, 1936, S. 71–94, Bd. 27, S. 1–42, Bd. 28, S. 49–69 und E. D e k k e r s in Sacris Erudiri, Bd. I, 1948, S. 181–205. Zur Topographie der Reiseroute, vgl. Éthérie, Journal de voyage, texte latin, introduction et traduction de H é l è n e P é t r é, Paris 1948.

Die Verfasserin ist eine kultivierte Dame von christlich-literarischer Bildung, die auf ihrer Reise von den Bischöfen und den Behörden überall mit großer Ehrerbietung empfangen wird. Sie erstrebt eine möglichst gewählte Darstellungsweise, die sich durch schwülstige Breite auszeichnet; doch gelingt es ihr nicht, Elemente der lebendigen Alltagssprache fernzuhalten. Ihre literarisierte Sprache ist durch die 'Vetus Latina' (Gruppe E) geformt, aus der auch ihre Bibelzitate stammen; s. H.-W. K l e i n in 'Romanica', Festschrift für G. Rohlfs (Halle 1958), S. 243–258. – Eine gute Charakteristik ihres

Stiles gibt L e o S p i t z e r , The epic style of the pilgrim Aetheria (in: Compar. Liter., Jahrg. 1949, S. 225–258). Für die folgende Auswahl ist die Ausgabe von Geyer zugrunde gelegt worden (die Zahlen geben Seiten und Zeilen).

37,3. ... Interea ambulantes pervenimus ad quendam locum, ubi se tamen montes illi, inter quos ibamus, aperiebant et faciebant vallem infinitam ingens, planissimam et valde pulchram, et trans vallem apparebat mons sanctus Dei Syna ...

37,13. Habebat autem de eo loco ad montem Dei forsitan quattuor milia totum per valle illa, quam dixi ingens ...

38,11. Nobis ergo euntibus ab eo loco, ubi venientes a Faran feceramus orationem, iter sic fuit, ut medium transversaremus caput ipsius vallis, et sic plecaremus nos ad montem Dei. Mons autem ipse per giro quidem unus esse videtur; intus autem quod ingrederis, plures sunt, sed totum mons Dei appellatur ...

38,19. Et cum hi omnes, qui per girum sunt, tam excelsi sint, quam nunquam me puto vidisse, tamen ipse ille medianus, in quo descendit maiestas Dei, tanto altior est omnibus illis, ut cum subissemus in illo, prorsus toti illi montes, quos excelsos videramus, ita infra nos essent, ac si colliculi permodici essent ...

39,4. Nos ergo sabbato sera ingressi sumus montem, et pervenientes ad monasteria quaedam susceperunt nos ibi satis humane monachi, qui ibi commorabantur, praebentes nobis omnem humanitatem; nam et ecclesia ibi est cum presbytero. Ibi ergo mansimus in ea nocte et inde maturius die dominica cum ipso presbytero et monachis, qui ibi commorabantur, coepimus ascendere montes singulos. Qui montes cum infinito labore ascenduntur, quoniam non eos subis lente et lente per girum, ut dicimus in cocleas[1], sed totum ad directum subis ac si per parietem et ad directum descendi necesse est singulos ipsos montes, donec pervenias ad radicem propriam illius mediani, qui est specialis Syna ...

43,4. Et quoniam nobis iter sic erat, ut per valle illa media, qua tenditur per longum, iremus, id est illa valle, quam superius dixi, ubi sederant filii Israhel, dum Moyses ascenderet in montem Dei, et descenderet: itaque ergo singula, quemadmodum venimus per ipsam totam vallem, semper nobis sancti illi loca demonstrabant ...

52,8. Ac sic ergo, ut coeptum opus perficeretur, coepimus festinare, ut perveniremus ad montem Nabau. Euntibus nobis commonuit presbyter loci ipsius, id est de Libiade, quem ipsum nobiscum rogantes moveramus de mansione, quia melius ipsa loca noverat. Dicit ergo nobis ipse presbyter: 'Si vultis videre aquam, quae fluit de petra, id est quam dedit Moyses filiis Israel sitientibus, potestis videre; si tamen

---

[1] Nach Löfstedt, Komm. S. 85 eher coclea zu lesen.

25

volueritis laborem vobis imponere, ut de via camsemus forsitan miliario sexto'. Quod cum dixisset, nos satis avidi optati sumus ire; et statim divertentes a via secuti sumus presbyterum, qui nos ducebat. In eo ergo ecclesia est pisinna subter montem non Nabau, sed alterum interiorem, sed nec ipse longe est de Nabau; monachi autem plurimi commanent ibi vere sancti, et quos hic ascites vocant . . .

55,15. Ac sic ergo visis omnibus, quae desiderabamus, in nomine Dei revertentes per Iericho, et iter omne, quod iveramus, regressi sumus in Ierusolimam . . .

55,19. Item post aliquantum tempus volui etiam ad regionem Ausitidem accedere propter visendam memoriam sancti Iob gratia orationis . . .

57,6. Cum ergo descendissimus, ut superius dixi, de ecclesia deorsum, ait nobis ipse sanctus presbyter: 'ecce ista fundamenta in giro colliculo isto, quae videtis, hae sunt de palatio regis Melchisedech . . .'

57,12. Nam ecce ista via, quam videtis transire inter fluvium Iordanem et vicum istum, haec est qua via regressus est sanctus Abraam de caede Codollagomor regis gentium revertens in Sodomis, qua ei occurrit sanctus Melchisedech rex Salem'. Tunc ergo quia retinebam scriptum esse babtizasse sanctum Iohannem in Enon iuxta Salim, requisivi de eo, quam longe esset ipse locus. Tunc ait ille sanctus presbyter: 'ecce hic est in ducentis passibus; nam si vis, ecce modo pedibus duco vos ibi. Nam haec aqua tam grandis et tam pura, quam videtis in isto vico, de ipso fonte venit'. Tunc ergo gratias ei agere coepi et rogare, ut duceret nos ad locum . . .

60,7. Item in nomine Dei, transacto aliquanto tempore, cum iam tres anni pleni essent, a quo in Ierusolimam venissem, visis etiam omnibus locis sanctis, ad quos orationis gratia me tenderam, et ideo iam revertendi ad patriam animus esset, volui iubente Deo etiam et ad Mesopotamiam Syriae accedere ad visendos sanctos monachos, qui ibi plurimi et tam eximiae vitae esse dicebantur . . .

65,5. Ibi ergo vum venissem, id est in Charra, ibi statim fui ad ecclesiam quae est intra civitate ipsa. . . . Cum ergo venissemus in ipsa ecclesia, facta est oratio, et lectus ipse locus de Genesi, dictus etiam unus psalmus, et iterata oratione et sic benedicens nos episcopus egressi sumus foras. Item dignatus est nos ducere ad puteum illum, unde portabat aquam sancta Rebecca. Et ait nobis sanctus episcopus: 'ecce puteus unde potavit sancta Rebecca camelos pueri sancti Abrahae . . .'

67,11. Tunc ego requisivi, ubi esset puteus ille, ubi sanctus Iacob potasset pecora, quae pascebat Rachel filia Laban Syri. Et ait mihi episcopus: 'in sexto miliario est hinc locus ipse iuxta vicum, qui fuit tunc villa Laban Syri; sed cum volueris ire, imus tecum et ostendimus tibi, nam et multi monachi ibi sunt valde sancti . . .'

69,14. Nam proficiscens de Tharso perveni ad quandam civitatem supra mare adhuc Ciliciae, quae appellatur Ponpeiopolin. Et inde iam ingressa fines Hisauriae mansi in civitate quae appellatur Corico. Ac tertia die perveni ad civitatem, quae appellatur Seleucia Hisauriae ... 70,16. Et inde alia die subiens montem Taurum et faciens iter iam notum per singulas provincias, quas eundo transiveram, id est Cappadociam, Galatiam et Bithiniam, perveni Calcedona, ubi propter famosissimum martyrium sanctae Eufimiae ab olim michi notum iam, quod ibi est, mansi loco. Ac sic ergo alia die transiens mare perveni Constantinopolim agens Christo Deo nostro gratias, quod michi indignae et non merenti praestare dignatus est tantam gratiam.

71,16. Et ex ea hora usque in luce dicunter ymni et psalmi responduntur, similiter et antiphonae; et cata singulos ymnos fit oratio.

XIV. Palladius

Das 'Opus agriculturae' ist ein Bauernkalender, der (nach einem einleitenden Buche) in zwölf Büchern die ländlichen und häuslichen Arbeiten jedes Monats bespricht. Man spürt in allem die praktische Erfahrung eines Mannes, der selbst eigene Güter bewirtschaftet hat. Als Zeit des Palladius kann der Anfang des 5. Jahrhunderts angenommen werden. Seine Heimat (Gallien, Italien?) hat sich mit Sicherheit bisher nicht bestimmen lassen. Die Sprache des Palladius mit besonderer Berücksichtigung der volkssprachlichen Elemente ist eingehend analysiert in den mit großer Sorgfalt durchgeführten 'Untersuchungen zu Palladius und zur lateinischen Fach- und Volkssprache' von J. Svennung (Uppsala 1935). – Ausgabe: J. C. Schmitt in der Bibl. Teubn. (Leipzig 1898). – Die Zahlen geben Buch, Kapitel und Paragraph dieser Ausgabe.

I, 24,1. De columbario. Columbarium vero potest accipere sublimis una turricula in praetoria constituta levigatis ac dealbatis parietibus, in quibus a quattuor partibus fenestellae, sicut mos est, brevissimae fiunt, ut columbas solas ad introitum exitumque permittant. Nidi figurentur interius ...

I, 37,6. Alvearia meliora sunt, quae cortex formabit raptus ex subere, quia non transmittunt vim frigoris aut caloris. Possunt tamen et ferulis fieri. Si haec desint, salignis viminibus fabricentur vel ligno cavatae arboris aut tabulis more cuparum. Fictilia deterrima sunt, quae et hieme gelantur et aestate fervescunt.

III, 25,1. (Mensis februarius.) Plantas pirorum mense februario locis frigidis ponemus, calidis vero novembri ... Inseritur autem piro agresti, melo, ut nonnulli, amygdalo et spino, ut Vergilius, orno et fraxo[1] et

---

[1] *Schmitt und andere Ausgaben* fraxino, *doch haben alle Ha.* fraxo; *s. dazu* Svennung, *S. 143.*

cydoneo, ut aliqui, et punico sed fisso ligno. Surculus piri, qui inseritur ante solstitium, anniculus esse debet.

III, 25,13. De melo. Mense februario et martio mela seramus, si calida et sicca regio est, octobri et novembri. ... Melus omni genere inseri potest, quo pirus ... Diligenter legenda sunt mela, quae volumus custodire. Ea in locis obscuris, ubi ventus non sit, stramenta prius in crate subiectis in cumulos secreta disponimus. ...

IX, 3. (Mensis Augustus.) Nunc locis frigidis pampinatur, locis vero ardentibus ac siccis obumbratur potius uva, ne vi solis arescat, si aut vineae brevitas aut facultas permittit operarum. Hoc etiam mense extirpare possumus carecta et filecta.

X, 11. (Mensis September.) Hoc mense locis tepidis maritimisque celebranda vindemia est, frigidis adparanda ... Sed maturitatem vindemiae cognoscimus hoc genere: si expressa uva vinacia, quae in acinis celantur, hoc est grana, sint fusca et nonnulla propemodum nigra: quam rem naturalis maturitas facit.

XI, 12,4. (Mensis October.) Cerasus amat caeli statum frigidum, solum vero positionis umectae. In tepidis regionibus parva provenit. Calidum non potest sustinere ... Cerasi plantam silvestrem transferre debemus mense octobri vel novembri ... Cerasus inseritur in se, in pruno, in platano, ut alii, in populo ... Fimum non amat atque inde degenerat ... Cerasia non aliter quam in sole usque ad rugas siccata servantur.

XI, 20,1. De cydonite. Abiecto corio mala cydonea (G cydonia) matura in brevissimas ac tenuissimas particulas recides et proicies durum quod habetur interius. Dehinc in melle decoques, donec ad mensuram mediam revertatur, et coqendo piper subtile consperges ...

XII, 8,1. (Mensis November.) De apibus. Huius mensis initio apes ex tamarici floribus reliquisque silvestribus mella conficiunt: quae auferenda non sunt, quia servantur hiberno. Eodem mense sordibus liberandi sunt alvei, quia tota hieme eos movere aut aprire non possumus ...

XV. Tablettes Albertini

Eine Sammlung von 45 Verkaufsurkunden, die auf Holztafeln überliefert sind. Fundort an der algerisch-tunesischen Grenze. Alle genau datiert im Zeitalter des Vandalenkönigs Gunthamund. Im Jahre 1928 entdeckt und von dem damaligen Directeur des Antiquités in Algerien (E. Albertini) der wissenschaftlichen Welt bekanntgemacht. Vollständig publiziert 'Tablettes Albertini, Actes privés de l'époque vandale' durch C. Courtois, L. Leschi, Ch. Perrat und Ch. Saumagne (Paris 1952). – Kritische Ausgabe von drei Verkaufsakten mit sehr eingehender Behandlung der vulgärsprachlichen Merkmale durch V. Väänänen, Etude sur le texte et la langue des Tablettes

Albertini (Ann. Acad. Scient. Fenn., ser. B, 141,2), Helsinki 1965. Wir reproduzieren daraus Anfang und Ende eines vom 13. Januar 494 datierten Aktes (Väänänen, S. 13 = Tabl. Albertini, no IV).

1. Anno decimo d(omi)ni regis Guntamun(di sub die) id(us) ianuarias bendente Julio Restituto et Dona(ta) uxor eius et subscribituris coram subscribentib(us) ex culturis suis Mancianis sub d(omi)n(i)o Fl(avi) Gem(ini) (C)atullini fl(ami)n(is) p(er)p(etu)i particellas agrorum, id est, aumas duas sivi coerentes cum aquaria de gemione superiore, in quibus sunt amigdale arb(ore)s tres, fici ar(b)ores quatuor pl(us) m(inus), siteciae arborem unam, cum aquaria de flumine ascendente, hac die emit Gem(inius) Felix de s(upra)s(cri)pt(is) venditoribus folles pecuniae numero quingentos. Quos folles quingentes acceperunt Jul(i)us Restitutus et Donata uxor eius venditores et secum sustulerunt coramque signatorib(us), nichilque sivi ex eode pretio agri s(upra)-s(cri)p(ti) quiquam amplius deveri respondiderunt.

2. ... Ego Restitutus bendidi, homem pretium accepi et suscripsi et pro ussore mea sinnu sum faciente suscribsi. Signum X Donatais. Ego Quadratianus ad iussu patris mei Januari ad hunc strumentum interfuit. Ego Paulinianus ad iussu pattris mei Quinti ad hunc strumentum interfuit. Ego Murena interfui.

XVI. Dioscorides Latinus

Das pharmakologisch sehr wichtige Werk des griechischen Arztes Dioskorides (Zeitgenosse des älteren Plinius) wurde im Zeitalter der Gotenherrschaft in Italien zum Gebrauch für romanische und germanische Ärzte ins Lateinische übertragen. Der griechische Urtext hat viele griechische Spuren hinterlassen. Die Sprache zeigt den Einfluß weit fortgeschrittener Romanisierung. Abdruck der aus Monte Cassino stammenden Handschrift (cod. Monac. lat. 337) durch Auracher und Stadler in den Rom. Forschungen, Bd. I, 49 ff., X, 181 ff. u. 369 ff., XI, 1 ff., XIII, 161 ff., XIV, 601 ff. (1883–1903) mit Varianten anderer Handschriften. Unsere Auswahl gibt Band, Seite und Zeile dieses Abdrucks. – Neuere Ausgabe des ersten Buches durch H. Mihäescu (Jassy 1938). – Zur Sprache: H. Mihäescu in Ephemeris Dacoromana (Rom), Bd. 8, 1938, S. 298–348.

X, 190,1. De sepia. Cum atramento cocta cacostomaca est, ventrem mollit. Ossus vero eius, quod molle est, colliriis tracomaticis necessarie miscetur. Tusa ossa ipsa eruginem dentibus tollunt, maculas carnis in tergo restituet colori.

X, 191,12. De grilis. Interenea eorum trita cum oleo auribus tollit dolorem.

X, 191,24. De ficato hyrcino. Morsibus venenatis occurrit siccu tritu et cum vino bibitu.

X, 204,21. De stercore bubulo. Stercus vubuli pascenti recentem inpositum tumorem vulnerum tollit . . . Fumus ipse zanzalas fumigat et excludit.

X, 220,26. De beta. Veta duplex est, alba et nigra. Nigra elixa data abstinet ventrem, si cocta fuerit cum lenticula. Alba mollit ventrem. Sed ambe cacostomace sunt, humores nutriunt malos. Sucus eius naribus infusus cum melle purgat caput, et infusus in auriculas mitigat dolores. . . .

X, 411,3. De alio genere libanotidis. Alterum genus livanotidis similis est suprascripto, semen latu et nigru sicut sfondilio, sed non sic est calidu. Radix est illi deforis nigra deintus alba.

X, 421,16. De alisso. Alissu virga est una, sarmentosa, folia habens rotunda, in qua semen profert in modum caput aspidis et latu . . . Canibus raviem prohibet in pane comestus.

X, 438,5. De parthenio. Partenion aut amaracon, aut leucanthemon et istum dicunt, folia habet coriandro similia et flore in circuitu albu, sed in medio quod est, melinu est, odore bromosu habens, gustu amaru.

XI, 31,14. De meconio. Mecon rias dicta est, qui cicius caret florem. . . . Cuius capitella quinque vel sex tribus quiatis infusa da bibere in diem, qua volueris dormire.

XI, 42,11. De mandragora. Mandragora quem morion dicunt, nascitur locis umbrosis et in speluncis . . . Hasta habet longa duobus palmis, albu colore iossu ad radice habens.

XI, 59,21. De tripolion. Tripolion nascitur locis maritimis. Flore eius dicitur ter in die mutare colorem, mane melinum, media die purpureu et sero fenicinu. Radix est illi alba et odorata.

XVII. Oribasius Latinus

Von dem für reisende Ärzte bestimmten Kompendium (Synopsis) der ärztlichen Wissenschaft des Oribasius (Leibarzt des Kaisers Julian) wurden im ausgehenden Altertum zwei lateinische Übersetzungen angefertigt. Die ältere geht noch auf das 5.–6. Jahrhundert zurück, die jüngere dürfte nur in geringem Abstand von der älteren Übersetzung entstanden sein. Beide weisen nach Oberitalien bzw. in den Raum von Ravenna. Ausgabe der beiden Versionen: ed. Molinier in den Oeuvres d'Oribase par Bussemaker et Daremberg, Tome 5 et 6 (Paris 1873 u. 1876). Für die ersten beiden Bücher von Synopsis haben wir die kritische Ausgabe von Henning Mørland, Oribasius Latinus (Oslo 1940) zugrunde gelegt. Zur Sprache: Henning Mørland, Die lateinischen Oribasiusübersetzungen, Oslo 1932; J. Svennung, Wortstudien zu den spätlateinischen Oribasiusrezensionen, Uppsala 1932. – Die Zahlen geben Buch und Kapitel der lateinischen Übersetzung, in Klammern die Seitenzahl der Ausgabe von Molinier. Wir bringen den Text teils nach A (= Aa: Handschrift des 7. Jahrhunderts), teils nach B (= La: Handschrift des 10. Jahrhunderts).

Syn. I, 17 (S. 818) B. Epythimum. Epythimus nigra colera purgat et flegma; dabis autem sic: teris epythimum et tricoscinas et das cum vino dulce pinso $\triangle$ (A draumas) III et adhuc amplius et cum mel, salem admiscis cocliarium mesum[1].

Syn. I, 18 (S. 821) A. De vomitu ... Vomica fleumam purgant et caput leviat (B levem reddit) ... His vero qui vomire habet, non cesset bel intermittat donec omnia pervomantur ...

Syn. II, praef. (S. 839) A. De birtutibus simplicium medicamentorum diximus, nunc de gradibus eorum tradimus. Simul etiam et pensas et mensuras et coctiones dicere habemus.

Syn. II, 1 B. Quae sunt mesa (A media) inter calida et frigida: ... asparagus (A sparagus), ... oleus dulcis, ... castenea, ... trifilus ...

Syn. IV, 40 (S. 42) B. De lactis potionem ... Qui lactem bibere habet (A potaturus est), et a bono cibo se abstineat, donec digerat et purgetur juso. Optimum est non si mane bibat multa et jejunus sit, super id quod bibit et laboribus nimis abstineat ... Sic enim faciens qui bibit solvit eum et deinde alteram lactem bibat ...

Syn. VI, 42 (S. 123) B. Ad subgluttium. Fit ex plenitudinem, aut ex evacuationis, aut ex agro humorem mordentem stomachum; quem cum vomuerit, pausat subgluttius (A: requiescit singultus) ... Adhuc etiam et si conrumpantur cibi, aliqui subgluttiunt ...

Syn. VII, 1 (S. 131) A. Ad simplices bulnera curas ... Recentia vulnera glutinat pini et picci[2] folia et cortix recens, velut ligatura circumdatus, spongea noba cum aqua aut posca aut vino inposita ... Nervos vero incisos sanat isatis herva, quam tinctores herba vitrum vocant et Goti uvisdele (B ovisdelem) ... Item murra cum aqua trita et inlita, aut libanum, aut gesentera nervos incisos glutinat ...

Syn. VII, 6 (S. 136) A. Ad usturam ignis ... Si vero jam de vissicis vulnera fecerit, porros tritos cataplasma inpone, aut porcillagine herba trita (B porcacla trita) cum alfita cataplasma inpone; columborum stercus in linteo ligatos aut involutos incendis donec cinus fiat, et cum oleo resolvis et superponis; miraveris effectum.

Syn. VIII, 12 (S. 220) A. Ad erisipelas in cerebro. Fit autem et in cerebro erisipela quemodmodum et in aliis membris, et cognoscitur sic. Dolit caput totus et videtur in eo esse flamma ignea, et non sustenit in uno loco caput tenire, sed huc illuc mutat non ferens de stratura lecti calorem et semper infrigdare caput vult, et facies frigida ...

Syn. IX, 5 (S. 278) A. Ad astmaticos ... Nam et aristolocia rotunda

---

[1] *Das Zeichen* $\triangle$ *ist Abkürzung für* drachma = $^{1}/_{8}$ *Unze.*
[2] *Lies* picei.

cum aqua pota astmaticos sanat, et centauriae majoris radices similiter, et spondiliu semen et radix, et calamintis simin, et ysopus, et ireus, et melantius, id est gitter, et bisteolos (*B* bistiolas), quas *onos* Greci vocant, quod in aquario sub seclas inveniuntur ...
Syn. IX, 61 (S. 396) A. Ad sciaticos potio ... Eboli radices ... colligis, cum palo roboreo tundis in pila lignea ... et das in solio ipso die stantem in ipso pede et sanum sursum suspensum habentem. Et cum exierit de solio foris, in sabana coperis eum et jaceat in ipsa quam patitur parte ora media; hoc enim facis per tres jovias, et cum Dei adjutorio liberabitur ab ipsa passione.

XVIII. Lex Salica

Gesetzbuch der salischen Franken. Eines der wichtigsten altgermanischen Rechtsdenkmäler. Verfaßt vermutlich im Jahre 507 von einem Schreiber König Chlodwigs nach dem Einmarsch der Franken in das Westgotenreich, s. K r u s c h , Nachrichten aus der mittleren und neueren Geschichte, Bd. 1, 1936, S. 1 ff. (in: Nachr. von der Ges. d. Wiss. zu Göttingen, Philol. histor. Kl., N. F., Fachgruppe II). Die Handschriften stammen aus dem 8.–9. Jahrhundert. Wir geben eine Auswahl aus dem als älteste Redaktion anzusehenden 65-Titel-Text auf Grund der besten aus dem 9. Jahrhundert stammenden Handschrift (Par. lat. 4004), die von P a r d e s s u s (Loi Salique, Paris 1843), S. 3–34 abgedruckt ist. Zur Beurteilung der Handschriftenfamilie vgl. den Aufsatz von E r n s t H e y m a n n , Zur Textkritik der Lex Salica (Neues Arch. der Gesellsch. für ältere deutsche Geschichtskunde, Bd. 41, S. 421–524). Die malbergischen Glossen, die wohl als nachträgliche Zusätze aufzufassen sind, werden hier nicht mit abgedruckt. – Neuere Ausgaben mit Varianten, Erläuterungen und Wortverzeichnis: R. B e h r e n d (Weimar 1897), H. G e f f c k e n (Leipzig 1898). Versuch einer kritischen Ausgabe des 100-Titel-Textes der Textklassen D und E von K. A. E c k h a r d t (Weimar 1953) mit deutscher Übersetzung. – Zur Sprache: F r. S c h r a m m , Sprachliches zur Lex Salica, Marburg 1911. Zu den fränkischen Wörtern: E. G a m i l l s c h e g , Romania Germanica, Bd. I, Berlin 1934.

1. Auswahl aus dem 65-Titel-Text

2,12. Si quis maiale votivo furaverit et hoc testibus quod votivus fuit potuerit adprobare, DCC dinarios, qui faciunt solidos XVII, [ex]culpabilis judicetur, excepto capitale et dilatura.

4,2. Si quis anniculum vel bimum berbicem furaverit, excepto capitale et dilatura, CXX dinarios, qui faciunt solidos III, culpabilis judicetur.

6,1. Si quis sigusium canem magistrum imbulaverit aut occiderit, DC dinarios, qui faciunt solidos XV, culpabilis judicetur.

---

[1] *Überschrift dieses Kapitels:* De servis vel mancipiis furatis.

32

10,1[1]. Si quis servo aut caballo vel jumentum furaverit, MCC dinarios, qui faciunt solidos XXX, culpabilis judicetur.

11,1. Si quis ingenuus de foris casa quod valit duos dinarios furaverit, DC dinarios, qui faciunt (solidos) XV, culpabilis judicetur.

16,1. Si quis casa qualibet super homines dormientes incenderit, quanti ingenui intus fuerint mallare debent, et si aliquid intus arserint, MMD dinarios, qui faciunt solidos LXIII, culpabilis judicetur.

16,3. Si quis spicario aut machalum cum annona incenderit, MMD dinarios, qui faciunt solidos LXIII, culpabilis judicetur.

17,1. Si quis alterum voluerit occidere et colpus falierit, cui fuerit adprobatum, MMD dinarios, qui faciunt solidos LXIII, culpabilis judicetur.

17,2. Si quis alterum de sagitta toxigata percutere voluerit et praetersclupaverit, et ei fuerit adprobatum, MMD dinarios, qui faciunt solidos LXIII, culpabilis judicetur.

17,8. Si quis de clauso pugno alio percusserit, CCCLX dinarios, qui faciunt solidos IX, culpabilis judicetur, ita ut per singulos jectos, ternos solidos reddat.

27,7. Si quis in napina, in favaria, in pissaria vel in lenticlaria in furtum ingressus fuerit, CXX dinarios, qui faciunt solidos III, culpabilis judicetur.

27,10. Si quis prato alieno secaverit, opera sua perdat.

27,11. Et si fenum exinde ad domum suam duxerit et discaregaverit, excepto capitale et dilatura, MDCCC dinarios, qui faciunt solidos XLV, culpabilis judicetur.

27,21. Si quis statuale, tremaclem aut vertevolum furaverit, DC dinarios, qui faciunt solidos XV, culpabilis judicetur.

30,4. Si quis alterum vulpe[2] clamaverit, solidos III culpabilis judicetur.

31,1. Si quis baronem ingenuum de via sua ostaverit aut inpinxerit, DC dinarios, qui faciunt solidos XV, culpabilis judicetur.

38,1. Si quis caballum carrucaricium[3] involaverit, cui fieret adprobatum, excepto capitale et dilatura, MDCCC dinarios, qui faciunt solidos XLV, culpabilis judicetur.

38,2. Si quis admissario[4] furaverit, cui fuerit adprobatum, MDCCC dinarios, qui faciunt solidos XLV, culpabilis judicetur.

41,1. Si quis ingenuo Franco aut barbarum qui legem salega vivit, occiderit, cui fuerit adprobatum, VIIIM dinarios, qui faciunt solidos CC, culpabilis judicetur.

47,1. Si quis servum aut caballum vel bovem aut qualibet rem super

---

[2] *In anderen Handschriften:* vulpiga, vulpiculam.
[3] *In anderen Handschriften:* qui carrucam trahit.
[4] *In der Handschrift 1 s (Paris 6953)* uuaranione.

alterum agnoverit, mittat eum (*var.* ipsam rem) in tertia manu, et ille super quem cognoscitur debet agramire ... Ista omnia in illo mallo debent fieri ubi ille est gamallus super quem res illa primitus fuit agnita aut intertiata (*var.* in tertia manu missa).

63,1. Si quis hominem ingenuum in oste occiserit et in truste dominica non fuit ille qui occisus est, XXIVM dinarios, qui faciunt solidos DC, culpabilis judicetur.

64,2. Si quis mulieren ingenuam stria clamaverit et probare non potuerit, MMD dinarios, qui faciunt in triplum[5] solidos LXXXIX, culpabilis judicetur.

2. Eine Parodie der Lex Salica

Scherzhafte Nachformung des formelhaften bürokratischen Stils, stark mit Vulgarismen durchsetzt, die der altfranzösischen Sprache z. T. sehr nahe kommen. Der banale Inhalt dient einer witzigen Parodie. – Überliefert in der ältesten und vulgärsten Handschrift der Lex Salica (Wolfenbüttler Kodex 'Weissenburg 97'), zweite Hälfte des 8. Jahrhunderts, erstmals abgedruckt bei Pardessus, 1843, S. 192. Entstanden wohl in einem östlichen Teil des französischen Sprachgebietes (Beckmann 321). – Kritischer Text mit ausführlichem philologischen und linguistischen Kommentar durch G. A. B e c k m a n n , in Zeitschr. für roman. Philologie, Bd. 79, 1963, S. 305–321; s. dazu Fr. Sabatini in Studi ling. italiani, vol. IX, 1963, pp. 147–151.

In nomine Dei patris omnipotentis: sic placuit voluntas Laidobranno et Adono, ut pactum Salicum, de quod titulum non abit, gratenter suplicibus aput gracia Fredono una cum uxore sua et obtimatis eorum, in ipsum pactum titulum unum cum deo adiutorio pertraetare debirent,

ut si quis homo aut in casa aut foris casa plena botilia abere potuerint, tam de eorum quam de aliorum, in cuppa non mittant ne gutta.

Se ullus hoc facire presumserit ... sol. XV conponat; et ipsa cuppa frangant la tota ad illo botiliario frangant lo cabo at illo scanciono tollant lis potionis. Sic convinit observare, aput staubo bibant et intus suppas faciant; cum senior bibit duas vicis, sui vassalli la tercia, bonum est, ego, qui scribsi mea (?) nomen non hic scripsi: culpabilis judicetur.

XIX. Anthimus

Das dem Frankenkönig Theoderich (511–534) gewidmete diätetische Kochbuch des griechischen Arztes Anthimus 'De observatione ciborum' zeigt in seiner Sprache die von drei Kulturen wirkenden Einflüsse. Zu den Elementen, die ihm aus seiner Heimatsprache zufließen, kommen germanische Einflüsse

---

[5] *Von Behrend und Geffcken auf Grund anderer Handschriften umgestellt:* dinarios in triplum, qui faciunt.

des ostgotischen Hofes, an dem er lebte. Sein Latein steht durch die vielen Vulgarismen der damaligen Volkssprache sehr nahe. Über diese Fragen handelt K a r l M r a s, Anthimus und andere lateinische Ärzte im Lichte der Sprachforschung (in: Wiener Studien, Bd. 61/62, 1943–47, S. 98–117). – Die Handschriften stammen aus dem 9.–11. Jahrhundert. – Für die hier gegebene Auswahl wurde die Ausgabe von E. L i e c h t e n h a n (Corp. med. lat. vol. 8,1), Leipzig 1928, zugrunde gelegt; in einigen Lesarten folgen wir der Ausgabe von R o s e (1877). Die Zahlen geben die Kapitel. Einige Varianten wurden aus den Handschriften A, B, H, P, g beigefügt. – Wörterbuch: N. G r o e n, Lexicon Anthimeum, Diss. Amsterdam 1926.

4. Vervicinas vero carnes et si frequenter utantur aptae sunt et in iuscello simplici et in assatura, ut delonge a foco coquat. Nam si proxima fuerit foco, ardet caro deforis et deintus devenit cruda, et potius nocet quam iuvet. Sed ut dixi delonge et diutius; quomodo vaporata sic deveniat, et salis cum vino mixtus, quando assatur, cum pinna diffundatur.

21. De ficato porcino frixo penitus non expedit nec sanis nec infirmis. Sani tamen si volunt sic manducent: inciso bene in graticula ferrea quae habet largas virgas, unguat aut de oleo aut de uncto, et sic in subtiles carbones assent ita, ut crudastros sint et calentes ipsos manducent cum oleo et sale et coriandro minutato desuper.

25. De agrestibus vero avibus turtures quidem qui saginantur in domum scitur ab omnibus graviores sunt, quia miseras carnes habent . . . In campis vero qui nascuntur, elleborum herbam, quae Latine dicitur sitri (P varatrum), ipsud manducant et persecuntur, sicut auctores nostri dicent. Quodsi quis adpraehenderit agrestem turturem, et de illa herba ipsam contigerit manducasse, et aliquis de ipsa comederit, grandem periculum patitur, et usque proxime mortem hominem adducit . . . Istud et ego in tempora mea probavi in provincia mea: in villa duo rustici sic ad hora captum comederunt, et ita illis contigit, et unus illorum sanguinem deiuso produxit nimium et periclitatus est usque ad mortem . . .

31. Ficitulas (B fecitolas) et ipsas bonas et aptas sunt vel alia genera aucellorum, qui albas carnes habent, vel alias aves teneras praesumantur.

33. Avis, quae dicitur avetarda, bona est, sed puto hic non habere.

50. De oleribus vero malva, beta, porrus congrua sunt semper, et stivo (H aestivo) et hiberno, caules vero hiemis tempore; nam stivis (BH aestivis) diebus melancolici sunt.

51. Intuba vero bona sunt et cruda et elixa et sanis et infirmis. Cruda vero una die exsucent ad sole et sic manducentur.

60. Radices vero sanis vel fleumaticis (PH flegmaticis) aptae sunt, tamen ut quinque aut amplius dies collectae maturent; nam si ad hora collectae fuerint, gravare solent.

64. De legumina vero tesinas *(BH* tisanas) quae de ordeo fiunt qui scit facere bonae sunt et sanis et febricitantibus. Fit etiam de ordeo opus bonum, quod nos Graece dicimus alfita, Latine vero polenta, Gothi vero barbarice fenea *(cod. g* femea), magnum remedium cum vino calido temperatum, et de ipsa re cocliar *(P* coclearium) plenum et sic admixtum bene bibatur paulatim, et iuvat satis stomachum defectum et pascit ... Convenit ergo et in tempore ieiuniorum in quadragesimo accipere hoc primitus cum calda, quia et confortat stomachum et pascit.

65. Fava vero integra cocta bene et in iuscello, et in oleo, conditura vel sale melius congrua est quam illa fava fresa, quia gravat stomachum.

75. De lactes vero si desentericis, caprunos qui fiunt cum petras rotundas scandentes in foco, et sic missas in lacte sine foco; cum bullierint, illis cotulis[1] sublatis de pane cocto candido et bene fermentato bucellas cappellatas et minutas in ipso lacte missas in carbones lente coquat, in olla tamen, nam non in aeramen; et sic cum bullierit, bucellas illas post infunderint, cum cocliar manducentur, et sic melius expedit, quia cibus iste pascit. Nam si puri lactes ipsi bibiti fuerint, contra perexunt et vix stant in corpore.

76. De lactibus vero sanis hominibus: si quis crudos lactes vult bibere, mel habeant admixtum vel vinum aut medus; et si non fuerit aliquid de istis poculis, sale mittatur modicum, et non coacolat intus in hominibus ...

82. Simela vero et ipsa gravis etiam sanis; pro necessitate desenteriae qui sanguine producunt utilis fiat ita, ut in lactes caprunos coquat in carbones; quomodo buter *(P* butirum) sic fiat.

84. Mela bene matura in arbore, quae dulcia sunt, bona sunt; nam illa acida non sunt congrua; nam dulcia sanis et infirmis, et pera dulcia et bene in arbore maturata; nam dura et acida graviter nocent.

86. Mora sive domestica sive salvatica maxime congrua sunt et sanis et infirmis; et ipsa omnino matura in suo arbore aut in rubo.

87. Ficus bonae sunt, sed et ipsas maturas omnino.

90. Amigdolas *(A* amandulas) bonas sunt ... sed in tepida missas cortex ipsa purgetur et sic manducentur.

93. Caricas bonas et aptas, praeterea ad catarrum incipiente ita ut diutius in ore masticentur, et quibus fauces exasperantur et qui raucam vocem habent, bonos sunt manducare.

---

[1] *Nach Rose und den Ha. g, p. – Liechtenhan druckt* cotalis.

XX. Caesarius von Arles

Caesarius († 542), seit 502 Bischof von Arles, verdankt seine Berühmtheit in erster Linie den kraftvollen, der herkömmlichen Rhetorik aus dem Wege gehenden Predigten, die es verstanden, dem volkstümlichen Empfinden sich anzupassen. Auch seine Sprache hat vieles aus der romanischen Vulgärsprache übernommen. – Ausgabe der Predigten: Sancti Caesarii episcopi Arelatensis opera omnia, ed. D. Germ. Morin, vol. I, Maretioli 1937. Die Zahlen geben Seiten und Zeilen dieser Ausgabe.

33,33. Sed dicit aliquis: 'Ego homo rusticus sum et terrenis operibus iugiter occupatus sum; lectionem divinam nec audire possum nec legere'. Quam multi rustici et quam multae mulieres rusticanae cantica diabolica amatoria et turpia memoriter retinent et ore decantant! Ista possunt tenere atque parare, quae diabolus docet: et non possunt tenere quod Christus ostendit? Quanto celerius et melius . . . poterat et symbolum discere, et orationem dominicam . . . et psalmos quinquagesimum vel nonagesimum et parare et tenere et frequentius dicere unde animam suam et deo coniungere, et a diabolo liberare?

65,23. Isti enim infelices et miseri, qui ballationes et saltationes ante ipsas basilicas sanctorum exercere nec metuunt nec erubescunt, et si christiani ad ecclesiam veniunt, pagani de ecclesia revertuntur; quia ista consuetudo ballandi de paganorum observatione remansit.

86,15. Quando ad ecclesiam venitis, oblationes quae in altario consecrentur offerte. Qui habet unde, et non exhibet, qua fronte de oblatione quam pauper exhibuit communicare praesumat?

221,13. Nam in tantum, quod peius est, verum est quod ammonemus, ut non solum in aliis locis, sed etiam in hac ipsa civitate dicantur adhuc esse aliquae mulieres infelices, quae in honore Iovis quinta feria nec telam nec fusum facere vellent.

233,30. Sed numquid toti condemnandi sunt, quia aliqui mali inveniuntur?

257,3. Rogo vos, frates, de minimis magna conicite; nec vobis incongruum videatur, quod de scopanda domo faciamus mentionem: quia de hac re ipse dominus in evangelio dixit, quod mulier illa quae dragmam perdiderat, adubi domum suam scopis mundavit, statim dragmam quam perdiderat invenire promeruit.

272,23. Quomodo solet fieri, ut, cuius vinea per neglegentiam deserta remanserit, roget vicinos et proximos suos, et una die multitudinem hominum congregans, quod per se solum non potuit, multorum manibus adiutus, id quod desertum fuerat reparetur: ita ergo et ille, qui publice paenitentiam vult petere, quasi conrogatam vel conbinam dinoscitur congregare; ut totius populi orationibus adiutus spinas et tribulos peccatorum suorum possit evellere . . .

520,3. Ipse tamen beatus Iob, quamlibet esset iustus, non tamen fuit sine peccatis; neque enim melior erat de sancto Iohanne evangelista, qui ait: Si dixerimus quia peccata non habemus, ipsi nos seducimus[2].

550,21. Et totis viribus enitamur ut ... ad spirituale lanificium nostros animos praeparemus. Et ideo, quod nobis deus in horreo, in canaba, vel in cellario quasi iam nunc in colo involutum dare dignatus est, iugiter elemosynas facientes, de conogla trahere festinemus ad fusum, et de sinistra trahentes feramus ad dexteram.

617,19. Aspera quidem facta est via, quando homo peccavit; sed plana est, quando eam Christus resurgendo calcavit, et de angustissima semita stratam regalem fecit.

771,16. Mala nobilitas (quae dedignatur sanctorum pedes abluere), quae per superbiam aput deum reddit ignobilem. Erubescant ergo nobiles et potentes sanctis et peregrinis abluere pedes in hoc saeculo: sed si se non correxerint, plus habent erubescere et dolere, cum ab illorum consortio separati fuerint in futuro.

743,12. Quicumque ergo in kalendis ianuariis quibuscumque miseris hominibus sacrilego ritu insanientibus potius quam ludentibus aliquam humanitatem dederint, non hominibus sed daemonibus se dedisse cognoscant. Et ideo si in peccatis eorum participes esse non vultis, cervulum, sive aniculam[3], aut alia quaelibet portenta ante domos vestras venire non permittatis, sed castigate potius atque corripite et, si potestis, etiam cum severitate distringite.

744,6. Nonnulli enim in haec mala labuntur, ut diligenter observent qua die in itinere exeant, honorem praestantes aut soli aut lunae aut Marti aut Mercurio aut Iovi aut Veneri aut Saturno ... Ante omnia, fratres, universa ista sacrilegia fugite, et tamquam diaboli mortifera venena vitate ... Mercurius enim homo fuit miserabilis, avarus, crudelis ... Venus autem meretrix fuit impudicissima ... Nos vero, frates ... ipsa sordidissima nomina dedignemur ... et nunquam dicamus diem Martis, diem Mercurii, diem Iovis; sed primam et secundam vel tertiam feriam, secundum quod scriptum est, nominemus.

XXI. Hymnendichtung

Die Hymnendichtung des ausgehenden Altertums ist eine wichtige Vorstufe für die Entstehung der romanischen Verse. Der mailändische Bischof Ambro-

---

[2] *Ep. Joh. I, 1,8:* Si dixerimus quoniam peccatum non habemus, ipsi nos seducimus.

[3] *Der Herausgeber druckt* anniculam, *was keinen Sinn gibt. Die Handschriften bieten* anniculam, agniculam, aniculam, annucula, anulas.

38

sius († 397) ist berühmt durch seine Bemühung, dem christlichen Gottesdienst ein schöneres Gepräge zu geben. Er darf als der Schöpfer des lateinischen Kirchenliedes gelten. Von den zahlreichen Hymnen, die unter seinem Namen gehen, dürften nur wenige von ihm selbst verfaßt sein, z. B. Aeterne rerum conditor, noctem diemque qui regis. Wir geben ein Beispiel aus den 'Hymni S. Ambrosio attributi' (Text nach Bulst, S. 111). – Die ältesten Hymnen, chronologisch gesichert bis zum Ende des 6. Jh., bringt Walther Bulst, Hymni Latini antiquissimi (Heidelberg 1956): sie sind grundlegend für die metrischen Formen altromanischer Dichtung. Die lyrische Hymnenstrophe zu vier Achtsilbnern ('jambischer Dimeter') wirkt fort in der altfranzösischen 'Passion': *Hora vos dic vera raizun.* An den proparoxytonen Reihenschluß der Hymnenstrophe erinnert eine sehr archaische Form des altitalienischen 'Alexandriners' mit sdrucciola-Ausgang vor der Caesur: *Rosa fresca aulentisima, c'apari inver la state* (Cielo d'Alcamo), *È una citade nobele, facta da Deo verace* (Giostra delle virtù); vgl. auch bei Berceo: *Prisieronla los angelos con la gracia divina.*

Die ambrosianische Hymnenstrophe findet ihre Fortbildung durch den aus Oberitalien stammenden Venantius Fortunatus († 609), das 'größte Formtalent der untergehenden westlichen Kultur des 6. Jahrhunderts' (E. Norden). In seinen Hymnen zeigt sich das sichtliche Bemühen um Versbindung durch Assonanz. Wir wählen einige Strophen aus einem an den Bischof Leontius von Bordeaux gerichteten Hymnus. Dieser besteht aus 23 Strophen, die der Reihe nach mit den Buchstaben des Alphabets beginnen. – Ausgabe: Fr. Leo in den Monumenta Germ. Hist. (Berlin 1881), S. 19. – Zur Dichtkunst: D. N o r b e r g, La poésie latine rythmique du haut moyen âge (Stockholm 1954).

1. Ambrosius

Hymnus ad Nonam

Perfectum trinum numerum
ternis horarum terminis,
laudes canentes debitas,
nonam dicentes psallimus.

sacrum Dei mysterium
puro tenentes pectore,
Petri magistri regula
signo salutis prodita,

et nos psallamus spiritu
adhaerentes apostolis,
qui plantas adhuc debiles
Christi virtute dirigant.

2. Venantius Fortunatus

Hymnus de Leontio episcopo

1. Agnoscat omne saeculum
   antistitem Leontium,
   Burdigalense praemium,
   dono superno redditum.

2. Bilinguis ore callido
   crimen fovebat invidum,
   ferens acerbum nuntium
   hunc iam sepulchro conditum.

3. Celare se non pertulit
   qui triste funus edidit:
   etsi nocere desiit,
   insana vota prodiit.

   . . . .
   . . . .
   . . . .

22. Ymnum canendo concrepet
    quisquis deo non invidet
    laus eius est qui praesulem
    de mortis ore retrahit.

23. Zelante fido pectore
    tam vera dici non pudet.
    Haec parva nobilissimo
    papae damus Leontio.

XXII. Vitae Patrum

Die aus der Mitte des 6. Jahrhunderts stammenden Texte, die unter dem Namen *Vitae Patrum* bekannt sind, führen in den einzelnen Büchern den Untertitel 'Verba Seniorum'. Es sind Erzählungen, Anekdoten und Weisheitsregeln aus dem Leben von Mönchen und Heiligen, dargeboten in einfach-volkstümlicher Form. Sie beruhen auf griechischen Originalen, die uns zum Teil noch nicht bekannt geworden sind. Der Zweck dieser Erzählungen war Erbauung und Stärkung des christlichen Glaubens. Wir geben einige Proben aus den Büchern V (übersetzt von Pelagius) und VI (übersetzt von Joannes) nach der Ausgabe von R o s w e y d in Patrologiae cursus completus von Migne, vol. 73, S. 851 ff. – Zur Sprache der Texte: A. H. S a l o n i u s , Vitae patrum, Kritische Untersuchungen über Text, Syntax und Wortschatz der spätlateinischen Vitae patrum (Lund 1920); J. B. H o f m a n n , Beiträge zur Kenntnis des Vulgärlateins (Indog. Forsch. 43, S. 80–122).

V, 2,9. Frater quidam applicuit in Scythi ad abbatem Moysen, petens ab eo sermonem. Et dixit ei senex: Vade et sede in cellula tua, et cella tua docebit te universa.

V, 4,59. Infirmatus est quidam senum; et cum non posset sumere cibum multis diebus, rogabatur a discipulo suo ut fieret ei aliquid, et reficeretur. Abiit autem et fecit de farinula lenticulam et zippulas. Erat autem ibi vasculum pendens, in quo erat modicum mellis; et aliud in quo erat raphanelaeum; et fetebat, quod tantum ad lucernam proficeret. Erravit autem frater, et pro melle de raphanelaeo misit in pulmentum. Senex vero cum gustasset, nihil locutus est, sed tacitus manducavit, et dabat ei tertio. Ille autem nolebat manducare, dicens: Vere, non possum, fili. Discipulus autem hortabatur eum, et dicebat: Bonum est, abba, ecce ego manduco tecum. Qui cum gustasset, et cognovisset quid fecerat, cecidit pronus in faciem, dicens: Vae mihi, pater, quia occidi te, et tu peccatum hoc posuisti super me, quia non es locutus. Et dixit ei senex: Non contristeris, fili, si voluisset Deus, ut mel manducarem, mel habuisti mittere in zippulas istas.

V, 15,29. Dicebant de abbate Moyse quia factus esset clericus, et posuerunt ei superhumerale. Et dixit ei archiepiscopus: Ecce factus es candidatus, abba Moyses. Et ille respondit: Putas aforis, domne papa, aut deintus? Volens autem episcopus probare eum, dixit clericis: Quando intrat abbas Moyses ad altare, expellite eum, et sequimini, ut audiatis quid dicat. Dum autem coepissent eum mittere foras, dicebant ei: Exi foras, Aethiops. Ille vero egrediens, dicebat: Bene tibi fecerunt, cinerente et caccabate. Qui cum homo non sis, quare te in medio hominum dare praesumpsisti?

VI, 2,6. Dicebant de abbate Macario illo maiore[1], quia ascendens de Scythi, portabat sportas, et fatigatus resedit et oravit, dicens: Deus, tu scis, quia jam non praevaleo. Et mox elevatus, inventus est super flumen.

VI, 2,8. Dicebat abbas Sisois: Quando eram in Scythi cum abbate Macario, ascendimus metere cum eo septem nomina. Et ecce una vidua colligebat spicas depost nos, et non cessabat plorans. Vocavit ergo senex dominum agri illius, et dixit ei: Quid est aniculae huic, quod semper plorat? Qui dixit ei: Quia vir eius habuit depositum cuiusdam, et mortuus est non loquens, et non dixit ubi posuit illud, et vult dominus depositi accipere eam et filios eius in servitutem. Et ait senex: Dic illi ut veniat ad nos ubi requiescimus in caumate. Et cum venisset, dicit ei senex: Ut[2] quid semper ploras? . . .

---

[1] *In der griechischen Vorlage* τοῦ μεγάλου.
[2] Dient zur Einleitung einer direkten Frage.

XXIII. Compositiones Lucenses

Unter diesem Titel versteht man eine Sammlung von Rezepten und technischen Herstellungsverfahren aus dem Gebiet der Färberei, der Mineralogie und der Metallgewinnung. Sie hat ihren Namen nach einem in Lucca befindlichen Codex, der dem 8. Jahrhundert angehört. Entstanden ist die auf einer griechischen Vorlage beruhende Sammlung mindestens schon im 6. Jahrhundert, wahrscheinlich in Oberitalien (Svennung). – Wir folgen der Ausgabe von H. H e d f o r s (Diss. Uppsala 1932) unter Berücksichtigung der Verbesserungen von J. S v e n n u n g, Compositiones Lucenses, Studien zum Inhalt, zur Textkritik und Sprache (Uppsala 1941). – Zur oberitalienischen Grundlage der sehr zahlreichen Vulgarismen vgl. E. G a m i l l s c h e g, Roman. Forschungen, Bd. 60, 1947, S. 787–794.

A 14. De tinctio alithini. – Tinctio alithini absque ignem. Tinctum ungues subtiles vitria et ungues dracontea anamemigmenis et fiet sicut rubea.

D 14. De tinctio pellis prasini. – Tinctio pellis prasini. Tolles pellem depel[l]atum et mitte stercos caninus et colombinus et gallinacium; et solbes ea in iotta mittis in ipsam pelles et confices ea ibi per dies III; et post eice illas exinde et labas hutiliter. Demitte desiccare et post hec tolles alumen Asianum, et secundum quod superius docuimus de alitina; et tolle post ex luza et pisas. Decoques hutiliter cum hurina. Dimittis refricdare et cuse ipsas pelles sicut hutres, quomodo diximus de alithina, et coctione mittis in ipsos utres et confrica bene et insufflas modicum ut abeat ventum; et confice bene, donec conbibat ipsum medicamen, et post hec refundis ex ipsis et tolles ipsas pelles. Laba semel et postea tolle de lulacin uncias IV per pellem et hurinam dispumata lib. VI comisce ipsut lulacim . . .

G 29. De afronitro. – Afronitro vero nascitur in loco nitri, priusquam gelet. Componitur autem et alium ex nitro. Principale autem spuma[ma] alba ut nix. Compositum autem plus fuscum; abet autem eandem virtute.

L 12. De petalum stagneum. – Quomodo petalum stagneum fieri debeat. Uncias II. Batte lamina longa et gracile et recide ea perpensum usque at quinque vices et suventium eum divide.

XXIV. Ex papyro Ravennate

Aus den in Ravenna geschriebenen Papyri des 6. Jahrhunderts wählen wir das bekannteste und berühmteste Dokument. Die Urkunde, datiert 17. Juli 564, enthält ein durch einen Kanzleibeamten der Präfektur von Ravenna erstelltes Verhandlungsprotokoll in einer Erbschaftsangelegenheit mit anschließender Quittung über die aus dem Nachlaß des verstorbenen Herrn Collictus und des verstorbenen Freigelassenen Guderit verkauften und erworbenen

Gegenstände. Es ist die einzige auf Papyrus geschriebene Quittung aus dem mittelalterlichen Italien. Das philologische Interesse des umfangreichen und zum Teil gut erhaltenen Dokuments besteht in der großen Zahl der seltenen Wörter, die in den sehr ausführlichen Sachverzeichnissen aufgeführt sind. – Text mit deutscher Übersetzung und detailliertem Kommentar in der Ausgabe von J a n - O l o f T j ä d e r , Die nichtliterarischen lateinischen Papyri Italiens aus der Zeit 445–700, Band I (Acta Inst. Romani Regni Sueciae, XIX, 1), Lund 1955, S. 234–246, 427–436. – Wir geben daraus eine kleine Auswahl der lexikalisch interessanten Teile als Beispiel für die schon weit zum Italienischen vorgerückte Sprache.

1. Breve de diversas species, quae vinditae sunt de successionem s(upra)s(crip)ti q(uon)d(am) Collicti, seu mercidis mancipiorum, ... vel de praetio ancillae Ranihildae, seu boves et de res q(uon)d(am) Guderit liberti... Hoc est cocliares numero septem, scotella una, fibula de bracile et de usubandilos, ... stragula polimita duo, ... camisia tramosirica in cocco et prasino valente solidos tres semis, sarica prasina ornata, ... arca clave clausa, ... bracas lineas valentes siliqua aurea una, ... conca aerea una, ... orciolo aereo uno, ... butte de cito, ... butte granaria, ... falce missuria, ... runcilione uno, ... armario uno, ... socas tortiles duas, ... albiolo ligneo, ... sacma valente asprione aureo uno, ... servo nomine Proiecto.
2. Item notitia de res Guderit q(uon)d(am) liberti, id est ... cocumella cum manica ferrea vetere pensante libra una semis, ... catena ferrea desuper foco, ... panario rupto uno, capsicio valente nummos octuginta, ... olla testea rupta una, ... sareca una vetere tincticia valente siliquas aureas tres, ... lena vetere una, sagello vetere uno.

XXV. Gregor von Tours

Georgius Florentius, der spätere Bischof von Tours (seit 573), ist durch seine aus 10 Büchern bestehende *Historia Francorum* (HF) eine wichtige Quelle für die Geschichte der Merowinger. Daneben hat er andere Werke verfaßt, die der Heiligenliteratur angehören und einer fanatischen Verherrlichung des christlichen Glaubens dienen: ein Werk, das den Wundertaten des hl. Martin gewidmet ist (SM), eine Sammlung von Heiligenleben 'Vitae patrum' (VP) u. a. Seine geistige und literarische Bildung war mittelmäßig. Sein Sprachausdruck zeigt den völligen Verfall der Grammatik; die Flexionsendungen sind ihm kein fester Besitz mehr und werden ganz willkürlich gehandhabt. – Ausgabe: Gregorii Turonensis opera, ed. W. A r n d t et Br. K r u s c h , in den Mon. Germ. histor., Script. rer. Merov. I, Hannover 1884 –1885. Eine ältere Ausgabe der Historia Francorum von H. O m o n t und G. C o l l o n , Paris 1886–1893. Eine Auswahl aus seinen Werken haben wir von H. M o r f , Heidelberg 1922. – Zur Sprache: M a x B o n n e t , Le latin de Grégoire de Tours, Paris 1890. – Die Zahlen geben Seite und Zeile der Ausgabe von Arndt-Krusch.

Neuausgabe der *Hist. Franc.* durch B r u n o K r u s c h und W i l h. L e v i s o n in den Mon. Germ. Hist., 1937–1951.

146,22 (HF). Theodovaldus vero cum iam adultus esset, Vuldetradam duxit uxorem. ... Sub eo enim et Buccelenus, cum totam Italiam in Francorum regno redigesset, a Narsite interfectus est, Italia ad partem imperatoris capta, nec fuit qui eam ultra reciperet. Sub huius tempore uvas in arbore quam saucum[1] vocamus absque vitis conjunctione natas videmus[2] et flores ipsarum arborum, quae nigra, ut nostis, grana proferre solitae sunt, racimorum grana dederunt. Tunc in circulum lunae quintae stella[3] ex adverso veniens introisse vissa est. Credo, hoc signa mortem ipsius regis adnuntiasse. Ipse vero valde infirmatus, a cinctura deorsum se iudicare non poterat. Qui paulatim decedens, septimo regni sui anno mortuos est, regnumque eius Chlothacharius rex accepit, copulans Vuldotradam, uxorem eius, stratui suo. Sed increpitus a sacerdotibus, reliquit eam, dans ei Garivaldum ducem, dirigensque Arvernus[4] Chramnum, filium suum.

167,21 (HF). In eclesia vero Arverna, dum matutinae caelebrarentur vigiliae in quadam festivitate aves coredallus[5], quam *alaudam* vocamus, ingressa, omnia luminaria quae lucebant, alis superpositis, in tanta velocitate extinguit, ut putaris ...

186,3 (HF). In eo anno fulgor per caelum discurrisse visus est, sicut quondam ante mortem Chlotharii factum vidimus. Sygiberthus vero, obtentis civitatibus illis, quae citra[6] Parisius sunt positae, usque Rhotomaginsem urbem accessit, volens easdem urbes hostibus cedere. Quod ne faceret, a suis prohibitus est. Regressus inde, Parisius est ingressus; ibique ad eum Brunichildis cum filiis venit. Tunc Franci qui quondam ad Childebertum aspexerant seniorem, ad Sygibertum legationem mittunt, ut ad eos veniens, derelicto Chilpericho, super se ipsum regem stabilirent. ... Veniente autem illo ad villam cui nomen est Victuriacon, collectus est ad eum omnis exercitus, inpositumque super clypeum sibi regem statuunt. Tunc duo pueri cum cultris validis quos vulgo scramasaxos vocant, infectis vinino, malificati a Fredegundae regina, cum aliam causam suggerire simularent, utraque ei latera feriunt. At ille vociferans atque conruens, non post multo spatio emisit spiritum. ...

283,12 (HF). Locustae quoque de Carpitania provintia, quam per quinque vastaverant annos, hoc anno progressae ageremque publicum tenentes, ad aliam provinciam, quae huic vicina erat provinciae, contulerunt. ... Hoc anno multa prodigia apparuerunt in Galliis, vastationisque multae fuerunt in populo. Nam mense Ianuario rosae visae sunt;

---

[1] *v. l.* savucum.   [2] *v. l.* vidimus.   [3] *v. l.* stela.   [4] *v. l.* Arvernum.
[5] *v. l.* coradallus.   [6] *v. l.* circa.

circa solem quoque circulus magnus apparuit, diversis coloribus mixtus, ut solet in illo caelestis iris ambitu, pluvia discendente, monstrari. Proina graviter vineas exussit; tempestas etiam subsecuta segetesque plurima loca vastavit; residuum quoque grandinis siccitas inmensa consumpsit. ... Arboris vero, quae (*cod. B.* 1: qui) mense Iulio poma protulerant, mense Septembre fructus alios ediderunt ...

391,8 (HF). Igitur anno quo supra regni sui Childebertus rex morabatur cum coniuge et matre sua infra terminum urbis quam Strateburgum vocant.

433,22 (HF). Qui statim ad Argentoratensem urbem, quam nunc n vocant, deductus exilio condemnatus est.

). Sed veniamus ad illud tempus, cum eum (sc. sanctum ninus de hoc mundo iussit adsumi. Cum gravatus incomret, ita febris interna omnia membra eius depavit, ut carbam simul amitteret. ... Adveniente autem die tertia, inica dies, qua civibus Arvernis inmanem intulit luctum, caelo, interrogat, quid in ecclesia psallerent. Dixerunt, eos psallere. At ille, psalmum quinquagesimum et beneantatam, vel alleluiatico cum capitello expleto, consumnos. Quo perfuncto officio, ait: 'Vale dicimus vobis, dicens, extensis membris, spiritum caelo intentum praenum. ... Episcopis autem quarta die advenientibus eum verunt, et portantes in sancti Laurenti basilicam, sepeo in exsequiis eius quantus planctus, quanti populi advix potest. Mulieres cum lucubribus indumentis, tamperdidissent, similiter et viri, obtecto capite, ut in im facere mos est, ipsi quoque Iudaei, accensis lampadiprosequebantur. Omnes tamen populi una vice diceis, qui post hac die numquam similem merebimur habere

in gloria confess.). Erat enim haud procul a basilica fecundus – tales enim incolae *olcas* vocant –, et hic sanctae fuerat.

XXVI. Etimologiae Isidori

risch-enzyklopädische Werk des gelehrten Bischofs von His-
536) *Etymologiarum sive Originum libri XX* hat seine ge-
itung in dem umfassenden Versuch, die sinkende Kultur der
Epoche als geistiges Bildungsgut zu übermitteln. Die 20 Bü-
rammatik, Rhetorik, Arithmetik, Musik, Astronomie, Medi-
, Theologie, Kirche, Sprachen (IX), Lexikologie (X), Ana-
come (XI), Zoologie (XII), Geographie (XIII, XIV), Architektur (XV),

Mineralogie, Agrikultur (XVII), Krieg und Spiele, Haus und Kleidung (XIX), Speisen und Instrumente (XX). Man kann sein Werk als ein philologisches Reallexikon bezeichnen. Die darin enthaltenen etymologischen Spekulationen haben keinen wissenschaftlichen Wert, doch ist das Werk wichtig für die vielen lexikalischen Vulgarismen, die er aus der Umgangssprache seines Landes zitiert. – Zur Beurteilung von Verfasser und Werk: H. Philipp, bei Pauly-Wissowa, Realencyklopädie, Bd. IX, S. 2069–2080. Ausgabe: W. M. Lindsay (Oxford 1911). Teilausgabe: H. Philipp (Berlin 1913), wichtig für Quellen und Parallelen. Ausgabe des Codex T: R. Beer (Lugduni Batavorum 1909). – Kritische Analyse des für die romanischen Sprachen wichtigen Sprachmaterials: J. Sofer, Lateinisches und Romanisches aus den Etymologiae des Isidorus von Sevilla (Göttingen 1930); größere Teile dieses Buches sind in der Zeitschrift Glotta, Bd. XVI u. XVII erschienen. – Unser Text: nach Lindsay.

IX, 6,21. Privignus est qui ex alio patre natus est; et privignus dici putatur quasi privigenus, quia prius genitus. Unde et vulgo antenatus.

X, 263. Saio ab exigendo dictus.

XI, 1,27. Obcipitium capitis pars posterior, quasi contra capitium vel quod sit capiti retrorsum.

XII, 8,16. Bibiones sunt qui in vino nascuntur, quos vulgo mustiones a musto appellant.

XV, 8,11. Ostracus est pavimentum testaceum, eo quod fractis testis calce admixto feriatur: testa enim Graece ostra dicunt.

XVII, 7,5. Malomellum a dulcedine appellata, quod fructus eius mellis saporem habeat, vel quod in melle servetur.

XVII, 7,10. Coccymela, quam Latini ob colorem prunum vocant, alii a multitudine fructus enixi fructus nixam appellant.

XVII, 9,41. Hyoscyamos a Graecis dicta, a Latinis ... et insana vocatur ... Hanc vulgus milimindrum dicit, propter quod alienationem mentis inducit.

XVII, 10,11. Lactuca agrestis est quam serraliam nominamus, quod dorsum eius in modum serrae est.

XIX, 8,2. Maciones dicti a machinis in quibus insistunt propter altitudinem parietum.

XIX, 14,7. Scudicia ... Hanc alii generaliter fossorium vocant, eo quod foveam faciat, quasi fovessorium.

XIX, 22,29. Camisias vocari quod in his dormimus in camis, id est in stratis nostris.

XIX, 29,6. Lubellum (v. l. gubellum, iubellum) corrupte a globo dictum per diminutionem, quasi globellum.

XX, 5,5. Calices et calathi et scalae poculorum genera, antea ex ligno facta, inde et vocata: Graeci enim omne lignum cala dicebant.

XX, 6,2. Flasca ex Graeco vocabulo dicitur. Haec pro vehendis ac recondendis fialis primum factae sunt, unde et nuncupatae.

46

XX, 13,5. Catenatum, quod capiendo teneat.

XX, 16,5. Sagma, quae corrupte vulgo salma dicitur, ab stratu sagorum vocatur.

XXVII. Lex Ribuaria

Gesetzbuch der ripuarischen Franken, das ältere Gesetzestexte übernommen hat und sich an das Vorbild der Lex Salica anlehnt. Die Datierung war bisher sehr umstritten. Die neue Ausgabe der 'Leges' macht wahrscheinlich, daß das Gesetzbuch um 650 geschaffen wurde, nachdem seit 633/634 von dem fränkischen König Dagobert I. das 'austrasische Kleinreich' (unter Sigibert III.) zum selbständigen Staat gemacht worden war. – Überliefert in mehreren Handschriften des 9.–10. Jahrhunderts. Sprachdenkmal der merowingischen Latinität. – Die ältere Ausgabe von R u d. S o h m (in den Mon. Germ. Hist.) ist jetzt durch die kritische Ausgabe von F r. B e y e r l e und R u d. B u c h n e r (Mon. Germ. Hist., Leg. sect. I), Hannover 1954, ersetzt worden. – Die Zahlen verweisen auf die einzelnen Titel und Paragraphen der neuen Ausgabe.

16. Si quis ingenuus ingenuum Ribuarium interfecerit, et eum cum rama aut callis vel in puteo seu in aqua quacumque libet loco celare voluerit, quod dicitur mordridus, 600 solidos culpabilis iudicetur . . .

37,1. Si quis rem suam cognoverit, mittat manum super eam. Et sic ille super quem intertiatur, tertia manu quaerat, tunc in praesente ambo coniurare debent cum dexteras armatas, et cum sinistras ipsam rem teneant. Unus juret, quod in propriam rem manum mittat, et alius iuret, quod ad eam manu trahat, qui ei ipsam rem dedit.

39,1. Si quis uxorem alienam tulerit vivo marito ducenos solidos multetur.

47. Si quis vero tres virgas, unde sepis ligatur, vel retorta unde contenetur, capulaverit, aut tres cambortos involaverit, seu in clausura aliena traucum fecerit, 15 solidos multetur.

61,18. Quod si ingenua Ribuaria servum Ribuarium secuta fuerit, et parentes eius hoc refragare voluerint, offeratur ei a rege seu a comite spata et cunucula. Quod si spadam acciperit, servum interficiat. Si autem cunuculam, in servitio perseveret.

66. Si quis hominem in oste interfecerit, triplice weregeldum culpabilis iudicetur.

80. Si quis Ribuarius ingenuum Ribuarium de via sua hostaverit, 15 solidos culpabilis iudicetur.

90. Si quis hominem, qui furbannitus est, in domo recipere praesumpserit, si Ribuarius est, 60 solidos, si regius, Romanus vel ecclesiasticus, 30 solidos culpabilis iudicetur·

XXVIII. Actus Petri cum Simone

Aus der großen Literatur der apokryphen Apostelgeschichten, die sich mit dem heiligen Petrus beschäftigen, geben wir eine kleine Probe. Diese Apostelgeschichte (Actus P. c. S.), post a. 150 entstanden, ursprünglich griechisch abgefaßt, ist seit dem 4. Jahrhundert lateinischen Kirchenschriftstellern bekannt. Der von Lipsius in den Acta apostolorum apocrypha I (1891), S. 45–103 abgedruckte Text dürfte dem 5.–6. Jahrhundert entstammen.

IX. Et conversus Petrus ad populum sequentem se dixit: Magnum et mirabile monstrum visuri estis. Et respiciens Petrus canem magnum catena grande ligatum, accedens solvit eum. Canis autem solutus vocem humanam accipiens dixit ad Petrum: Quid me iubes facere, servus inenarrabilis dei vivi? Cui Petrus dixit: Intra et dic Simoni in medio conventu suo: 'Dicit tibi Petrus: Procede in publicum, tui enim causa Romae veni, inprobe et sollicitator animarum simplicum'. Et loco currens canis introivit et inpetum faciens in medio eorum qui Simoni aderant, et erigens priores pedes voce maxima usus est et dixit: 'Procede in publico...' Audiens enim haec Simon et respiciens incredibilim visum, excidet a verbis quibus seducebat circumstantes, omnium stupentium.

XX. Petrus vero introivit et videns unam de senioribus viduam ab oculis, et filiam eius manum ei dantem et inducentum in domum Marcelli. Et dixit ad eam Petrus: Accede, mater; tibi ex hodierno die Iesus dexteram suam dans, per quem lumen inaccessibilem habemus quod non aperiunt tenebrae; qui tibi per me dicit: 'Aperi oculos et vide et sola ambula.' Et continuo vidit [et] vidua[m] inponentem sibi Petrum manum. Introibit autem Petrus in triclinio et vidit evangelium legi...

XXI. Et cum nona ora inpleta fuisset, surrexerunt reddere orationem. Et ecce subito de senioribus viduae Petro ignorante sedentes ab oculis non credentes, exclamaverunt dicentes ad Petrum: 'In uno sedimus, Petre, in Christo Iesu sperantes et credentes. Quomodo ergo una ex nostris fecisti videre, praecamur, domine Petre, misericordiam et pietatem illius tribuas et nobis'.

XXIX. Aus dem Edictus Rothari

Im 7. Jahre seiner Regierung (643) veranlaßte der Langobardenkönig Rothari die erste Aufzeichnung des langobardischen Rechtes. Das Edikt besteht aus 388 Paragraphen. Es ist ein sehr treuer Spiegel altgermanischer Rechtsauffassungen. Die rohe lateinische Sprachform ist mit vielen germanischen Elementen durchsetzt und steht unter dem Einfluß der in Italien gesprochenen romanischen Vulgärsprache. Über die Quellen des Rechtsbuches und seine Beziehungen zu den Leges Visigothorum siehe N. Tamassia, Le fonti dell' editto di Rothari, Pisa 1889. – Ausgabe: Fr. Bluhme in den Monum.

Germ. Hist., Legum tom. IV, S. 1–90. Zu den langobardischen Wörtern vgl.
W. B r u c k n e r, Die Sprache der Langobarden, Straßburg 1895; E. G a m i l l -
s c h e g, Romania Germanica, Bd. II, Berlin 1935[1]. – Umfassende Untersu-
chung der Sprache in ihrer Beziehung zur italienischen Romanität durch
B e n g t L ö f s t e d t, Studien über die Sprache der langobardischen Gesetze.
Acta Univ. Upsaliensis, 1961.

1. Si quis foris provincia fugire temptaverit, morti incurrat periculum et res eius infiscentur.

5. Si quis scamaras intra provincia caelaverit aut anonam dederit,
animae suae incurrat periculum, aut certe conponat regi solidos nonin-
gentos.

21. Si quis in exercito ambulare contempserit aut in sculca, dit
(*Var.:* det) regi et duci suo solidos 20.

24. Si quis gastaldius (*Var.:* castaldus) exercitalem suum molestave-
rit contra rationem, dux eum solaciet, quousque veritatem suam inve-
niat.

133. De bovulco occiso. Si quis servum alienum bovulco de sala
occiderit, conponat solidos viginti.

149. De molino incenso. Si quis molinum alterius asto (*Var.:* astu)
incenderit, id est volontariae, in treblum (*Var.:* tripplum) eum resti-
tuat sub stimationem rei cum omnia quae intus cremata sunt.

163. Si quis in mortem parentis sui insidiatus fuerit, id est si frater
in mortem fratris sui, aut barbanis, quod est patruus, seu consubrini
insidiatus aut consiliatur (*Var.:* consiliator) fuerit, et ille cui insidiatur,
filius non dereliquerit, non sit illi heredes cuius de anima tractavit, nisi
alii parentes proximi; et si parentis alius proximus aut legetimus non
habuerit, tunc illi curtis regia succedat . . .

164. Si quis ex parentibus, id est barbas, quod est patruus, aut quicumque ex proximis dixerit de nipote suo aut consubrino doloso animo,
quod de adulterio natus sit, nam non de certo patre: tunc ille . . .

177. Si quis liber homo potestatem habeat intra dominium regni
nostri cum fara sua megrare ubi voluerit – sic tamen si ei a rege data
fuerit licentia – et si aliquas res ei dux aut quicumque liber homo dona-
vit, et cum eo noluerit permanere, vel cum heredes ipsius; res ad dona-
torem vel heredes eius revertantur.

197. Si quis mundium de puella libera aut muliere habens eamque
strigam (*Var.:* histrigam), quod est mascam, clamaverit, excepto pater
aut frater, ammittat mundium ipsius, ut supra, et illa potestatem habeat, vult ad parentes, vult ad curtem regis cum rebus suis propriis se
commendare, qui mundium eius in potestatem debeat habere. Et si vir
ille negaverit, hoc crimen non dixisset, liceat eum se purificare, et
mundium sicut habuit habere, si se purificaverit.

---

[1] Siehe auch Francesco Sabatini, Riflessi linguistici della dominazione
longobarda nell'Italia mediana e meridionale, Firenze 1963.

213. Si quis alii de uxorem suam crimen miserit, quod cum ea fornicassit, liceat ei cui crimen mittitur, aut per sacramentum aut per camfionem (*Var.:* campionem) se purificare; et si probatum fuerit, animae suae incurrat periculum.

241. Si servus extra iussionem domini sui ticlatura aut snaida (*Var.:* sinaidam) fecerit in silva alterius, manus ei incidatur.

286. Si quis axegias de sepe, id est axegiato, una aut duas tulerit, conponat solido uno.

288. Si quis plovum aut aratrum alienum iniquo animo capellaverit, conponat solidos tres, et si furaverit, reddat in actogild.

291. Si quis sogas furaverit de bovis iunctorios, conponat solidos sex.

293. De palo quod est carracio. Si quis palum de vite tulerit, conponat solidos sex.

300. De arboribus. Si quis rovore aut cerrum, seu quercum quod est modola, hisclo (*Var.:* isclo, esclum) quod est fagia, infra agrum alienum aut culturam seu clausuram, vicinus ad vicinum inciderit, conponat per arborem tremisses duos.

301. Si quis castenea, nuce, pero aut melum inciderit, conponat solido uno.

310. De pedica. Si in pedica aut in taliola fera tenta fuerit et in hominem aut in peculium damnum fecerit, ipse conponat qui pedica misit.

315. De cervo domestico. Si quis cervum domesticum, qui tempore suo rugire solet, fragiaverit, conponat domino eius solidus duodicem.

317. Si quis acceptore, grova (*Var.:* gruem) aut cicino (*Var.:* cecinum) domestico alieno intrigaverit, sit culpabiles sol. sex.

318. Si quis de apeculare vas cum apes furaverit unum aut plures, conponat solidos duodecim.

320. De acceptoris. Si quis de silva alterius accepturis tulerit, excepto gahagium (*Var.:* gahio, gaio) regis, habeat sibi. Nam si dominus selvae supervenerit, tollat acceptoris, et amplius culpa adversus eum non requirat. Et hoc iubemus: si quis de gahagio regis tulerit accepturis, sit culpabiles solid. duodicem.

345. Si quis porcus aut pecora (*Var.:* pecoras) asto animo in damnum alterius miserit, et se non ausaverit eduniare, conponat solido uno, excepto damno.

XXX. Anonyme Rätsel

Die folgenden Rätsel sind ein Beispiel für die Umbildung des quantitierenden Hexameters zur rhythmischen Dichtung und zum gleichsilbigen Vers. Dieser besteht aus 6 Silben in der ersten Halbzeile und 8 Silben in der zweiten Halbzeile. Die Zäsur ist obligatorisch nach der sechsten Silbe. Der Rhythmus ist an ein ziemlich festes Schema gebunden, das gewisse (geregelte) Ausnahmen zuläßt. Fest ist der Akzent auf der fünften Silbe. Die zweite Vershälfte zeigt folgenden festen Tonfall — ◡ ◡ — ◡ ◡ — ◡. Die Quantität ist unwichtig, doch hat der Dichter für die letzte Hebung quantitätslange Silben gesucht. Der Hiat wird (außer in der Zäsur) gemieden. Je zwei Verse bilden eine Gedankeneinheit.

Die Gesamtzahl der in fünf bis acht Handschriften überlieferten Rätsel ist 62. Die Handschriften entstammen dem 8.–12. Jahrhundert. Entstehungszeit: etwa 7. Jahrhundert, vermutlich in Oberitalien, wo der rhythmische ('langobardische') Hexameter auch in Inschriften begegnet.

Wir geben hier drei Proben nach der Ausgabe von M. M e y e r (aus Speyer), Gesammelte Abhandlungen zur mittellateinischen Rhythmik. Band II, Berlin 1905, S. 155–179. Über den Versbau der Rätsel siehe ib. S. 13–16.

1. De scopa: Florigeras gero | comas, dum maneo silvis,
              et honesto vivo | modo dum habito campis.
              Turpius me nulla | in domo[1] vernula servit,
              et redacta vili | solo depono capillos.
              Cuncti per horrenda | me terrae pulvere[2] iactant,
              sed amoena domus | sine me nulla videtur.

2. De croco[3]: Parvulus aestivas | latens abscondor in umbras
                 et sepulto mihi | membra sub tellure vivunt[4].
                 Frigidas autumni | libens adsuesco pruinas
                 et bruma propinqua | miros sic profero flores.
                 Pulchra mihi domus | manet, sed pulchrior infra
                 modicus in forma | clausus aromata vinco.

3. De stellis: Milia conclusae | domo sub una sorores;
                minima non crescit, | maior nec aevo senescit.
                Et cum nulla parem | conetur adloqui verbis,
                suos moderato | servant in ordine cursus.
                Pulchrior turpentem | vultu non despicit ulla
                Odiuntque lucem, | noctis secreta mirantur.

XXXI. Epistolae maledicentes

Die hier im Auszug abgedruckten Schmähbriefe gehören zu einer Gruppe von fünf metrischen Invektiven, die durch einen Zufall mit der Sammlung der 'Formulae Senonenses' in einer Handschrift vereinigt worden sind. Als Kontrahenten erscheinen die Bischöfe Frodebertus (= Chrodebertus II.) von Tours (Bischof nach 658) und Importunus von Paris (um 666). Doch ist nicht anzunehmen, daß die in Hohn und Beschimpfungen sich ergehenden Dich-

---

[1] *So muß man ändern statt* domi vernula servit *(Meyer).*   [2] pulvera? *(Meyer).*   [3] grogo C.   [4] sub terra revivunt? *(Meyer).*

51

tungen von den beiden Bischöfen verfaßt worden sind. Sie dürften von dritter Hand stammen und den Zweck haben, beide Bischöfe zu verunglimpfen. – Ausgabe: A. Boucherie, Cinq formules rhythmées et assonancées (Montpellier-Paris 1867) und in Mon. Germ. Hist. Legum sectio V. Formulae (Hannover 1886), S. 222–225, hrsg. von K. Zeumer. – Über Bedeutung, Alter und Verfasser der Schmähbriefe: P. Meyer in Rev. crit. d'hist. et de litt., Bd. 2, 1867, S. 344–350; K. Zeumer, in Neues Archiv der Gesellschaft für ältere deutsche Geschichtskunde, Bd. 6, 1881, S. 75–76; Cabrol-Leclerc, Dictionnaire d'archéologie chrétienne, Bd. 5, 2, 2640–2653 (mit Bibliographie und Übersetzung).

Wir geben einige ausgewählte Verse aus Stück 2 und 3 nach der Ausgabe von Zeumer. – Man beachte das sichtliche Streben nach Reim bzw. Assonanz! – Die Deutung von *rotore* (2,18) nach F. Lecoy, in: Rom. Philology, vol. 7, 1953, S. 42.

1. Contra Frodebertum[1]

Domno meo Frodeberto, sine Deo,
   Nec sancto nec episcopo
   Nec saeculare clerico,
   Ubi regnat antiquus
[5]   Hominum inimicus.
   Qui mihi minime credit
   Facta tua vidit.
   Illum tibi necesse desidero,
   Quare non amas Deo nec credis Dei Filio . . .
[10] Vere non times Christo, nec tibi consentit.
   Cui amas per omnia
   Eius facis opera . . .
   Tuos pater cum domno
   Non fecit sancta opera.
[15] Propter[2] domnus digido[3]
   Relaxavit te vivo,
   Docuit et nutri(vit),
   Unde se postea penetivit . . .
   Memores, Grimaldo[4]
[20] Qualem fecisti damnum . . .
   Amas puella bella
   De qualibet terra
   Pro nulla bonitate
   Nec sancta caritate.

---

[1] Am Ende des vorhergehenden Stückes nennt sich der Absender: Importunus de Parisiaga terra.   [2] = propterea.   [3] Über die Rolle des Fingers bei feierlichen Handlungen s. J. Grimm, Deutsche Rechtsaltertümer (Leipzig 1899), Bd. I, S. 194 ff.   [4] ein maior domus, dessen Gattin von Frodebert in ein Kloster entführt worden ist.

²⁵ Bonus nunquam eris,
Dum tale via tenes . . .
Qui te hoc nuntiat et donet consilium verum. Sed⁵ te placit, lege et
pliga, in pectore repone; sin autem non vis, in butte include.

2. Contra Importunum

. . . Verba dicit,
Que numquam vidit;
Ea scribit,
Que animus fecit:
⁵ Parcat, qui eum credit! . . .
Errando vadit quasi caecus,
Fuscare temptat meum decus . . .
Nolite, domne⁶, nolite, fortis,
Nolite credere tantas sortes!
¹⁰ Per Deum iuro et sacras fontis,
Per Sion et Sinai montis:
Falsator est ille factus,
Excogitator est defamatus . . .
Latrat vulpis, sed non ut canis.
¹⁵ Psallat de trapa ut linguaris dilator,
maior nullis⁷ talis falsator.
Grunnit post tallone,
Buccas inflat in rotore,
Crebat et currit in sudore,
²⁰ Fleummas iactat in pudore . . .
Non movit bracco tale baronem . . .
Non simulas tuo patre
Vere nec tua matre.
Non gaudeas de dentes! . . .

XXXII. Fredegar-Chronik

Eine der wichtigsten Quellen für die Geschichte der Franken in der ersten
Hälfte des 7. Jahrhunderts ist die sogenannte Chronik des Fredegar. Der
Name ist irreführend. Erst im 16. Jahrhundert wurde das Werk fälschlich dem
Chronisten Fredegar zugeschrieben. In Wirklichkeit setzt es sich aus mehreren
Teilen zusammen, die auf drei verschiedene Verfasser (7. Jahrhundert) zu-
rückgehen, die selbst ihren Stoff z. T. aus älteren Quellen entnommen haben.
Die Sprache ist ziemlich verwildert; die Flexionsendungen werden meist ganz

---

⁵ = si.   ⁶ Dieser Brief wie auch Stück 5 scheint an die Frauen eines
Nonnenklosters (in Stück 5 als 'domnae sanctae' angeredet) gerichtet zu sein.
⁷ = nullus.

willkürlich verwendet. Über die Verfasser und Bedeutung des Werkes vgl.
B r u n o K r u s c h, Die Chronicae des sogenannten Fredegar, Neues Archiv
der Gesellschaft für ältere deutsche Geschichtskunde, Bd. 7, S. 249–345. Über
die Sprache O s k a r H a a g, Die Latinität Fredegars, Roman. Forschungen,
Bd. 10, S. 835–932. – Ausgabe: Mon. Germ. Hist., Script. Rer. Merov. II, ed.
B r u n o K r u s c h, S. 1–168. Die Zahlen geben Seiten und Zeilen dieser Ausgabe.

45,18. Exinde origo Francorum fuit. Priamo primo regi habuerunt;
postea per historiarum libros scriptum est, qualiter habuerunt regi
Friga. Postea (sc. Troiani) partiti sunt in duabus partibus. Una pars
perrexit in Macedoniam ...

46,1. Ex ipso genere Macedonis fortissimi pugnatores effecti sunt;
quod in postremum in diebus Phyliphy regis et Alexandri fili sui fama
confirmat, illorum fortitudine qualis fuit.

46,4. Nam et illa alia pars, qua de Frigia (*Var.:* Friga) progressa
est, ab Olexo per fraude decepti, tamen non captivati, nisi ex inde
eiecti, per multis regionibus pervacantis cum uxores et liberos, electum
a se regi Francione nomen, per quem Franci vocantur. In postremum,
eo quod fortissimus ipse Francio in bellum fuisse fertur, et multo tempore cum plurimis gentibus pugnam gerens partem Asiae vastans in
Eurupam dirigens, inter Renum vel Danuvium et mare consedit.

46,10. Ibique mortuo Francione, cum iam per proelia tanta que
gesserat parva ex ipsis manus remanserat, duces ex se constituerunt.
Attamen semper alterius dicione negantes, multo post tempore cum
ducibus transaegerunt usque ad tempore Pompegi consolis, qui et cum
ipsis demicans seo et cum reliquas gentium nationes, quae in Germania
habitabant, totasque dicione subdidit Romanam. ... Post haec nulla
gens usque in presentem diem Francos potuit superare, qui tamen eos
suae dicione potuisset subiugare.

65,7. Aurilianus templum Solis aedificat, Romam firmioribus muris
vallat. Aurilianus quomodo adversus christianus persecutione movisset,
a fulmine occidetur.

66,9. Constantinus Bicianciam civitatem mire magnitudinis amplia-
vit et gloriosae construxit, quem sui nominis Constantinopule appellare
iussit. Constantinus cum matrem Helenam crucem domini nostri Iesu
Christi Hierusolimis invenit, effectusque est christianus ab Helena.

75,23. Theudericus rex contra Suaevis movit exercitum et in Tara-
goninsem campaniam super Urbecum fluvium cum Richario regi Suae-
vorum confligit certamine, plurimisque Suaevis extinctis, ipso regi pla-
cato in Gallicias fugaciter, fecit adgredi. Ipsoque itinere Theudericus
cum Gothis Romanis, qui in Spanias consedebant, captivitatem vastavit et multas deripit civitates; sanctasque baselecas aefranguntur. Ri-
charius ad loco ubi Portugale appellatur profugus, regi Theuderico
captus ducitur et in custodica redagetur.

84,14. Cui Trasemundus successit in rignum. . . . Alamanni adversus Wandalus arma commovunt. . . . Victusque Trasemundus . . . Spanias adpetivit, ibique multos christianorum pro fide catholica interfecit. Post paucum tempore mare traducta in Maurittania, credo divino noto fera ducente, cum Wandalis vadando transivit; fertur mare ibi septe milia passum latitudinem esse.

85,27. Nec multo post tempore Iustinus imperator bellum in Persis movit; quod cum Calcedona transisset, morbo perit. Consenso senato et militum elevatus est Iustinianus in regnum. Oppraesso rege Persarum, cum vinctum tenerit, in cathedram quasi honorifice sedere iussit, quaerens ei civitates et provincias rei publice restituendas; factisque, pactionis vinculum firmarit. Et ille respondebat: 'Non dabo'. Iustinianus dicebat: 'Daras'.

100,23. Cumque Aridius a Massilia velocissimo curso, haec audiens, ad Gundobado venisset, dixitque ei Gundobadus: 'Audisti, quod amiciciam cum Francis inivemus, neptemque meam Chlodoveo tradedi uxorem?' Respondensque Aridius dixit: 'Non est haec amiciciae cultus, sed inicium discordiae perpetuae. Remeniscere debueras, domini mi, quod genitorem Chlotechilde, germano tuo, Chilperico gladium trucidasti, matrem eius, lapidem ad collo legata, negare iussisti, duos eiusdem germanos, capite truncato, in puteum fecisti proiecere . . .'.

130,19. Landericus cum exercito Aurilianes circumdans, vocabat Bertoaldum, ut exiret ad prilium. Bertoaldus de muro respondens: 'Nos duo singulare certamen, si me expectare deliberas . . . iungamus ad prilium, a Domino iudicemur.' Sed haec Landericus facere distulit. Addens Bertoaldus dixit: 'Dum facere non audes, proximum temporis domini nostri pro ea que facetis iungent ad prilio. Induamur unterque, ego et tu, vestibus vermiclis, precedamus chetheris; ubi congressus erit certamenis, ibique tua et mea utilitas adparebit . . .'

144,9. Anno 35. regni Chlothariae Bertetrudis regina moritur, quam unico amore Chlotharius dilexeret, et omnes leudis bonitate eius cernentes, vehementer amaverant.

158,13. Anno decimo regni Dagoberti, cum ei nunciatum fuisset, exercitum Winitorum Toringia fuisse ingressum, cum exercitu de regnum Austrasiorum de Mettis urbem promovens, transita Ardinna, Magancia cum exercito adgreditur, disponens Rhenum transire, scaram de electis viris fortis de Neuster et Burgundia cum ducebus et grafionebus secum habens.

259,28. Et ait Aurilianus: Filius tuus est dominus meus Chlodoveus rex; omnia vestra communia erunt. Et dixerunt sapientes Burgundionum: 'Vivat rex qui tales habet leudos'.

XXXIII. Aus dem Capitulare de villis

Das Capitulare de villis, früher fälschlich Karl dem Großen zugeschrieben, ist eine Landgüterordnung, die von Ludwig dem Frommen erlassen wurde. Sie galt nicht für das ganze fränkische Reich, sondern hatte den Zweck, den Naturbedarf der königlichen Hofhaltung durch die Krongüter einer bestimmten Landschaft sicherzustellen. Nach Dopsch (Die Wirtschaftsentwicklung der Karolingerzeit, Weimar 1912) wäre das Kapitulare für Aquitanien erlassen. Diese Auffassung hat E. Winkler philologisch zu untermauern versucht (Zeitschr. für rom. Philol., Bd. 37, S. 513–568). Demgegenüber haben Jud und Spitzer aus sprachlichen Indizien das Kapitular als für Nordfrankreich geltend erkennen wollen (Wörter und Sachen, Bd. 6, S. 116 ff.). Neuerdings hat von Wartburg durch schärfere sprachgeographische Analyse des Wortschatzes den Poitou als Heimat des Kapitulars zu bestimmen versucht (Speculum 15, S. 87–91, Zeitschr. für rom. Philol., Bd. 62, S. 342 ff.). Die Frage einer genauen Lokalisierung bleibt offen, vgl. J. Jud in Vox Romania, Bd. 5, 1940, S. 290–294 und F.-L. Ganshof in Le Moyen Age, Bd. 55, 1949, S. 201–224. – Ausgabe: ed. Alfr. Boretius, Monum. Germ. Hist., Leges, Sectio II, vol. 1, S. 82 ff.; ferner Karl Gareis, Die Landgüterordnung Kaiser Karls des Großen (Berlin 1895), auch bei Winkler und Jud–Spitzer (a a. O.). Wir geben die folgende Auswahl nach der Ausgabe von Gareis.

1. Volumus ut villae nostrae, quas ad opus nostrum serviendi institutas habemus, sub integritate partibus nostris deserviant et non aliis hominibus.

3. Ut non praesumant iudices nostram familiam in eorum servitium ponere, non corvadas, non materiam cedere nec aliud opus sibi facere cogant, et neque ulla dona ab ipsis accipiant, non caballum, non bovem, non vaccam, non porcum, non berbicem, non porcellum, non agnellum, nec aliam causam, nisi buticulas et ortum, poma, pullos et ova.

13. Ut equos emissarios, id est waraniones, bene praevideant, et nullatenus eos in uno loco diu stare permittant, ne forte pro hoc pereat.

14. Ut iumenta nostra bene custodiant et poledros ad tempus segregent.

28. Volumus ut per annos singulos intra quadragesima, dominica in palmis, quae osanna dicitur, iuxta ordinationem nostram argentum de nostro laboratu, postquam cognoverimus de praesenti anno quantum sit nostra laboratio, deferre studeant.

34. Omnino praevidendum est cum omni diligentia, ut quicquid manibus laboraverint aut fecerint, id est lardum, siccamen, sulcia, niusaltus, vinum, acetum, moratum, vinum coctum, garum, sinape, formaticum, butirum, bracios, cervisas, medum, mel, ceram, farinam, omnia cum summo nitore sint facta vel parata.

36. Ut silvae vel forestes nostrae bene sint custoditae; et ubi locus fuerit ad stirpandum, stirpare faciant, et campos de silva increscere non permittant; et ubi silvae debent esse, non eas permittant nimis capulare

atque damnare; et feramina nostra intra forestes bene custodiant; similiter acceptores et spervarios ad nostrum profectum praevideant ...

40. Et unusquisque iudex per villas nostras singulares et lehas, pavones, fasianos, enitas[1], columbas, perdices, turtures, pro dignitatis causa omnimodis semper habeant.

42. Et unaquaeque villa intra cameram lectaria, culcitas, plumatias, batlinias, drappos ad discum, bancales, vasa aerea, plumbea, ferrea, lignea, andenos[2], catenas, cramaculos, dolaturas, secures, id est cuniadas, terebros id est taradros, scalpros vel omnia utensilia ibidem habeant ...

49. Ut genitia nostra bene sint ordinata, id est de casis, pislis, teguriis id est screonis; et sepes bonas in circuitu habeant et portas firmas qualiter opera nostra bene peragere valeant.

68. Volumus ut bonos barriclos ferro ligatos, quos in hostem et ad palatium mittere possint, iudices singuli praeparatos semper habeant, et buttes ex coriis non faciant.

XXXIV. Aus den Glossaren

Die Glossensammlungen sind sehr wichtige lexikographische Quellen. Neben seltenem, altem und nicht mehr verstandenem Wortgut aus den antiken Schriftstellern, das sie erklären, enthalten sie oft Wörter der lebendigen Umgangssprache der Zeit, in der sie angelegt wurden[3]. Doch ist zu beachten, daß alle Glossensammlungen mehr oder weniger Kompilationswerk sind. Sie sind das Produkt mehrerer Jahrhunderte und beruhen auf den verschiedensten Quellen älterer und jüngerer Zeit. – Eine gute Einführung in die Fragen des Glossenmaterials gibt der Artikel 'Glossographie' von G e o r g G o e t z in der Realencyclopädie von Pauly-Wissowa, Bd. VII, S. 1433–1466. – Sammlung der Glossen: Corpus glossariorum Latinorum, 7 Bände (Bd. 6 und 7: alphabetischer Index), von G. L o e w e und G. G o e t z (Leipzig 1889–1923); Glossaria latina, iussu Acad. Britann. edita a W.-M. L i n d s a y (Paris 1926 –1931).

1. Aus den Reichenauer Glossen

Schwer lesbare Handschrift des 9. Jahrhunderts, einst in der Abtei Reichenau, jetzt in Karlsruhe. Diese ist die Kopie (2. Grades) eines Glossars, dessen

---

[1] *Die Handschrift hat* enecas.   [2] *Die Handschrift hat* andedos.

[3] Es gibt auch Interlinearglossen, von denen eine besonders interessante der Vergessenheit entrissen sei. – In einer Vergilhandschrift der 'Georgica' bemerkt ein mittelalterlicher Leser (10. Jahrh.?) zu IV. 438 *Vix defessa senex passus componere membra, cum ... clamore ruit magno, manicisque iacentem occupat,* als ob er selbst dem Überfall des Aristäus auf Proteus beigewohnt hätte, *dicens: non inde tu irabis, fello!* (Rev. des langues rom. 7, 403).

Entstehung mit einer gewissen Wahrscheinlichkeit im pikardischen Nordfrankreich (Corbie?) vermutet werden darf. Das Glossar, das ältere Glossensammlungen benutzt, besteht aus zwei Teilen: einer Glossensammlung, die zu Bibeltexten der Vulgata angelegt wurde, und einem alphabetischen Glossar. Vollständiger Abdruck des Glossars durch S t a l z e r in den Sitzungsber. der Wiener Akad., Phil.-hist. Kl., Bd. 152 (1906). Eine kritische Ausgabe des Bibelglossars von A. Labhardt (Neuchâtel 1948). Revidierte Gesamtausgabe der Reichenauer Glossen von H.-W. K l e i n (München 1968) mit vollständigem Index aller Glossenwörter und genauerer Aufdeckung der Quellen, unter Mitarbeit von Labhardt, der seine Ausgabe des 'Glossarium biblicum' (S. 61 –146) zu diesem Zweck zur Verfügung gestellt hat. Eine Auswahl der romanisch interessanten Glossen bei F o e r s t e r und K o s c h w i t z, Altfranzös. Übungsbuch (1911), S. 1–28. Wir geben eine kleine Auswahl. – Zu Heimat, Charakter und Wert der Glossen: K u r t H e t z e r, Die Reichenauer Glossen, Beiheft 7 zur Zeitschr. für rom. Phil. (Halle 1906); W. F o e r s t e r, Die Reichenauer Glossen, Zeitschr. für rom. Phil., Bd. 31, S. 513–568; A n d r é L a b - h a r d t, Contributions à la critique et à l'explication des Gloses de Reichenau (Thèse Neuchâtel 1936). Über die Glossenschichten und das Verhältnis zum Bibellatein und zu Isidors 'Origines', s. die Einleitung von K l e i n, S. 21–60. – Neuere Bedenken gegen Lokalisierung und Datierung durch J. E n g e l s, Neophilologus 1968, S. 378–386.

callidior: vitiosior
binas: duas et duas
pulcra: bella
pronus: qui a dentes iacet
5 mares: masculi
optimum: valde bonum
anus: vetulae
semel: una vice
favillam: scintillam
10 arena: sabulo
femur: coxa
sevit: seminavit
olim: antea
libenter: volumtarie
15 minatur: manatiat
isset: ambulasset
liberos: infantes
sepulta: sepelita
opilio: custos ovium vel berbicarius
20 emit: comparavit
in orreo: in spicario
in manipulos redacte: in garbas
collecte

carecto: lisca
grando: pluvia mixta cum petris
25 flare: suflare
cecinit: cantavit
pignus: wadius
scabrones: wapces
uncinos: havos
30 in foramina: in pertusio
crura: tibia
sagma: soma vel sella
Italia: Longobardia
in cartallo: in panario
35 stercora: femus
sindones: linciolos
sarcina: bisatia
laterum: teularum
caementariis: macionibus
40 concidit: taliavit
onager: asinus salvaticus
torax: brunia
veru: spidus ferreus
iecore: ficato
45 pallium: drappum
canere: cantare

58

si vis: si voles
fletus: planctus
ita: sic
50 id: hoc
optimos: meliores
oportunitate: gaforium
in loculum: in sarcophagum
artemon: malus, mastus navis
55 vocifero: altum clamo
coturnix: quaccola
axis: ascialis
aper: salvaticus porcus
abio: vado
60 arunda: rosa
arbusta: arbriscellus
armilla: baucus
area: danea
botrus: racemus
65 bracis: bragas
catulus: catellus
cementarii: mationes
eburneis: ivorgiis
favilla: scintilla
70 forum: mercatum
fagi: manducare
galea: helmus

gleba: blista
Gallia: Frantia
75 hiems: ibernus
hos: istos
hunc: istum
in ore: in bucca
is: ille vel iste
80 lamento: ploro
minas: manaces
non pepercit: non sparniavit
oves: berbices
papilio: travis
85 peperit: infantem habuit
pincerna: scantio
quo: ubi
rostrum: beccus
sortilegus: sorcerus
90 sectis: taliatis
talpas: muli qui terram fodunt
transgredere: ultra alare
transfretavit: trans alaret
transilivit: trans alavit
95 tugurium: cavanna
vespertiliones: calves sorices
viscera: intralia
uncinus: havus

2. Aus den Hermeneumata Montepessulana

(griechisch – lateinisch)

Corp. gloss. lat. III, S. 283–343. Handschrift des 9. Jahrhunderts. Geht mit anderen Redaktionen der Hermeneumata ('Dolmetscher') über verschiedene Zwischenglieder auf Wortsammlungen zurück, deren Anfänge sicher schon im 3. Jahrhundert entstanden sind, s. G. Goetz, Corp. gloss. lat. III, p. XVII. Das bilingue Glossar besteht aus verschiedenen Teilen, die teils alphabetisch, teils nach sachlichen Gruppen, teils zu Gesprächszwecken angelegt sind. Das Glossar enthält lexikalische Elemente, die Unteritalien als Heimat erscheinen lassen, s. Rohlfs, Griechen und Romanen in Unteritalien (Genève 1924), S. 130 ff.

hedeos se eidon: libenter te vidi
kai ego se: et ego te
poreuou pedarion: vade puer
kai aggilon: et nuntia

5 oti erkomai: quoniam venio
ydas pou menei: scis ubi manet
elthe met emou: veni mecum
pos ta paidia: quomodo infantes

zosin: vivunt
10 ego poreuomai: ego duco me
dos moi othonion: da mihi lenteum
balai eleon: mitte oleum
eis ton tarikon[2]: in salsum
e kyria: domina
15 pou estin: ubi est
dos akraton: da merum
broke[3]: pluvia
trites emeras: nustertius
lathyroi: cicercula
20 anepsia: nepta
tyflies[4]: ceciola
phyteiron: panucla
apostema merou: panucla

klethron: clostrum
25 paragogis: pestulus
korax: anaticula
alas: sale
amygdala: amyndala
andrachni: porcacla
30 lampyris: luciculia
sykanles: sicedula
bous: bovis
mattra: matra
ramna: acia
35 eschara: graticla
skytina: scorcea
mamme: avia
cholos: clodus

3. Aus den Hermeneumata Monacensia

Corp. gloss. lat. III, S. 119–220; Glossenkodex des 12. Jahrhunderts, s.
G. Goetz, ib. S. XVII. – Griechisch-lateinisch, teils nach Begriffsgruppen,
teils in alphabetischer Ordnung, teils aus Gesprächspartien bestehend.

megaleura: grandia
alas: sale
cala: lacte
lobia[5]: suriace
5 maratron: feniclu
menaluros[6]: oclata

systrix[7]: ericio
rymi: placia
pixos[8]: buxide
10 xifos: lantea
tafros: fossatum
ecati[9]: colucla

4. Aus den Glossae Vaticanae

Glossenkodex aus dem 10. Jahrhundert, abgedruckt im Corp. gloss. lat. III,
S. 506–531. Griechisch-lateinisch; alphabetische Reihenfolge.

absinthium: absenthium
anefia: neptia
asti: civitas
brote[3]: pluvia
5 buis: bovis
bibera: bis acuta

ego poreoymai[10]: ego duco me
ekomen ti depnesai: habemus
quid cenare
zabulus: satan
10 korax: anaticula
mamme: avia

---

[2] *lies* tarichon.   [3] *lies* broché.   [4] *lies* typhlias.   [5] *cod.* lohia.
[6] *lies* melánuros.   [7] *lies* hystrix.   [8] *lies* pyxos.   [9] *lies* elakati.
[10] *lies* poreuomai.

5. Aus dem Glossarium Amplonianum

Corp. gloss. lat. V, S. 259–337. Handschrift des 9. Jahrhunderts. Alphabetisch geordnet.

burgos: castra
bubo: avis [vel] nocturna [inpalustris] vel gufo vel rurex[11]
            silvester
genu: geniculum
herena: sablo maris
5 iactus: iactatus vel cassus

inipyrus: genus ligni
mala: poma
neum: macula
nurus: bruta
10 parasceuen: cenapura
vesperum: serum
urbs: civitas

6. Aus den Glossaren von Monte Cassino

Die folgenden Proben sind entnommen den Glossensammlungen des cod. 401 und des cod. 90, beide aus dem 10. Jhr., s. Corp. gloss. lat. V, S. 435 ff. und 559 ff. Beide in alphabetischer Ordnung.

boa: besta
femum: stercore bubulum
fleuma: defusio sanguinis
gerulus: vaiulus
5 lac: lacte
officia: vacantia
singultum: sugglutium
cygnus: cicinus
pessulum[12]: pesclum
10 subaudit: subaudire enim est
    quotiens aliquis dicat 'vade,
    mina carrum illum', non carrum minat sed vobes, qui eum
    trahunt
15 subindius: frequentius

bataclat: alat
buffo: surex silvestris
caligas: zancas
claustrum: serraculum ostii
20 colum: conoclea
elevoro: sitro
fatuus: stultus, follis, mattus
loculis: scriniolis
massa: villa, casale
25 noverca: matrea
metatus: mansio, positio
sablones: arene
scabrones: bespae longae
socrus: socera
30 testa: caput vel vas fictile

XXXV. Tabula alimentaria

Die in den Ruinen der einstigen Ligurerstadt Veleia (im piacentinischen Apennin) gefundene 'Tabula alimentaria' ist die größte aller mit Schriftzeichen versehenen Erztafeln, die aus der Antike erhalten geblieben sind (1,38 × 2,86 m). Sie ist das bedeutendste Dokument der von Kaiser Trajan begründeten Alimentarinstitution, die den Zweck hatte, bedürftige Kinder zu unterstützen. In sieben Kolonnen enthält sie mit den Namen der Unter-

---

[11] lies surex (v. 6,17).   [12] In der Handschrift persulum.

stützungsempfänger die Unterstützungsbeiträge, die Namen der Grundstücks-
eigentümer (deren Besitz für das kaiserliche Darlehen zu einem Zehntel seines
Wertes verpfändet war) und eine genaue Grundstücksbeschreibung.

Die 'Tabula' verzeichnet die Namen von 32 pagi, 12 vici und ca. 500 Land-
gütern aus den Gemarkungen Veleia, Placentia, Parma und Lucca, die zum
Territorium von Veleia gehörten. Diese Namen sind wichtig für die Form der
römischen Kolonisierung und die Entstehung der neuen Landgemeinden nach
der Auflösung der gallischen civitates. Nur ein kleiner Teil der Namen ist
aus älterer Zeit beibehalten. Die meisten Gutsnamen sind von einer römischen
gens abgeleitet, mit Hilfe von -anus oder des galloromanischen -acus[1]. Viele
Namen von Gütern sind aus mehreren Namen gebildet, was auf zusammen-
gewachsenen Besitz schließen läßt. – Wir geben eine kleine Auswahl dieser
Namen. Die gesamte Tafel ist reproduziert in Corp. Inscr. Latin. XI, no 1147.
– Über die Namen, s. R. S. Conway, J. Whatmough u. S. E. Johnson, The Prae-Italic dialects of Italy, vol. I. S. 379–404.

Zur Kulturgeschichte: F. G. De Pachtere, La table hypothécaire de
Veleia. Etude sur la propriété foncière dans l'Apennin de Plaisance (Paris
1920). – Weitere Literatur bei Leopold Wenger, Die Quellen des römischen Rechts (Wien 1953), S. 762 f.

   I.   2 fundum Quintiacum Aurelianum
       33 f. Cornelianum Collacterianum Flacelliacum
       58 f. Crossiliacum
       83 f. Bassilianum Caturnianum
  II. 65 f. Cabardiacum veterem in Veleiate pago
       85 f. Blassianum
       93 f. Caturniacum
 III. 26 f. Graecanasium
       72 fundos Avegam Veccium, debelem et saltum Velvias Leucu-
          mellum
       85 f. Passenniano
       98 f. Atilianum Arruntianum Innielium Antiate et Veleiate pag.
  IV. 39 f. Metilianum Lucilianum Anneianum cum casis et silvis et me-
          ridibus et debelis in Veleiate pag. Ambitrebio
       41 f. Alfiam Munatianum Ancharianum cum fundo Paspidiano et
          Rosiano et Mariano et Aconiano et Tarquitiano
       94 f. Vibullianum Calidianum
   V.   3 f. Orbianiacum
       45 f. Vetutianum Scantiniacum
       52 f. Caturniacum
       89 f. Scrofulianum et Succonianum in Placentino
  VI. 23 f. Liccoleucum

---

[1] Die Zahl der bis heute fortlebenden Namen scheint nicht groß zu sein.
Aus unserer Auswahl vergleiche man *Ancharianum = Ancarano* (Piacenza),
Marianum = Marano (Parma), *Rosianum = Rosano* (Parma).

44 f. Carrufanianum et Ventilianum
95 f. Stantacum cum casa Valeriana
99 f. Pescennianum
VII. 15 f. Philetianum cum meride Vicriana

XXXVI. Aus der Tabula Peutingeriana

Die in Wien aufbewahrte Weltkarte ist in ihrer jetzigen Redaktion eine Zeichnung des 12.–13. Jahrhunderts. Sie geht über verschiedene Zwischenstufen auf eine alte, uns nicht erhaltene Weltkarte zurück, aus der auch der Geograph von Ravenna und in einer älteren Redaktion das Itinerarium Antonini Augusti sich ableiten lassen. – Diese gemeinsame alte Quelle kann nicht jünger als die Regierungszeit des Caracalla (Anf. 3. Jahrhundert) angesetzt werden, s. darüber Kubitschek in der Real-Encyclopädie von Pauly-Wissowa-Kroll, Bd. 9, S. 2334 ff., Bd. 10, S. 2115 ff. – Um eine Vorstellung zu geben von den Formen der geographischen Namen in der späteren Kaiserzeit, haben wir aus der Tabula zwei längere Routen zusammengestellt, von denen die eine von Cádiz über Frankreich und Italien nach Syrakus, die andere von Bordeaux über Besançon, Kembs, Regensburg, Wien, Belgrad an das Schwarze Meer führt. Die heutigen Namensformen sind den alten Formen beigesetzt, wenn sie der alten Grundlage entsprechen. In anderen Fällen wurde der heutige Name nur gelegentlich beigefügt. – Für alle nähere Identifizierung, Feststellung der Entfernungen usw. ist das Werk von Konrad Miller, Itineraria Romana (Stuttgart 1916) zu konsultieren, dessen Lesung und Deutung wir hier folgen. In den Anmerkungen geben wir einige Varianten aus anderen Quellen[1]. – Zur Entwicklung der Ortsnamen vgl. die Werke von H. Gröhler (1913/1933), A. Longnon (1920 ff.) und A. Vincent (1937).

1. Von Cádiz nach Narbonne[2]
(Miller S. 178 ff., 127 ff.)

Caditana *(Cádiz)* – ad pontem *(Puente Zuazo)* – Portum *(Puerto S. María)* – Asta *(Mesa de Asta)* – Ugium – Oripon – Hispalis *(Sevilla)* – Obucula *(Moncloa)* – Astigin *(Écija)* – Ad aras – Corduba – Ad decimum *(Casablanca)* – Epora – Ulciese[3] – Nobiam[4] – Castulone *(Cazlona)* – Morum[5] – Ilugo – Solaria[6] – Marimana – Mentesa – Libisosa *(Lezuza)* – Parietinis – Saltis[7] – Ad Palem – Ad aras – Turres[8] –

---

[1] *It.* = Itiner. Antonini; *IG* = Itineraria Gaditana; *Rav.* = Geograph von Ravenna; *Ptolem.* = Ptolemäus.

[2] Infolge des Verlustes des westlichen Blattes der Tab. Peuting. ist die Strecke von Caditana bis Praetorium unter Zugrundelegung der Angaben des Kosmographen von Ravenna rekonstruiert (nach Miller, Itin. Rom., S. 178 ff.).

[3] *IG, It.:* Uciense.   [4] *IG:* Ad Novlas.   [5] *IG:* Ad Morum.   [6] *IG:* ad duo Solaria.   [7] *It.:* Saltici.   [8] *IG, It.:* Ad Turres.

Setavum[9] *(Játiva)* – Portum Sucrune[10] *(am Fluß Sucro = Júcar)* –
Valentia – Saguntum *(Sagunto, früher Murviedro)* – Hildum – Dertusa
(Tortosa) – Orea capita[11] – Saltum[12] – Tarracona *(Tarragona)* – Pal-
turia[13] – Antistiana – Fines[14] – Barcelona[15] – Arragona – Praetorium –
Voconi[16] *(Caldes de Malavella)* – Cerunda[17] *(Gerona)* – Cemuana[18]
(Fluß Cinyana) – Juncaria *(Junquera)* – Declana[19] – In summo Pyre-
neo[20] *(Col du Perthus)* – Ad centenarium[21] – Illiberre *(Elne)* – Rus-
cione[22] *(Roussillon)* – Narbone.

2. Von Narbonne nach Antibes

(Miller S. 128 ff.)

Narbone – Beteris[23] *(Béziers)* – Cesse Rone – Foro Domitii – Sextatione[24] *(Substantion)* – Ambrusium *(Pont-Ambroix)* – Nemuso[25] *(Nî-
mes)* – Ugerno – Arelato *(Arles)* – Ernagina – Clano[26] – Tericias[27] –
Pisavis – Aquis Sestis *(Aix)* – Tegulata – Ad turrem *(Tourves)* – Mata-
vone[28] – Foro Voconi[29] – Foro Juliî[30] *(Fréjus)* – Ad horrea – Antipoli
(Antibes).

3. Von Antibes nach Rom

(Miller S. 232 ff.)

Antipoli – Varum[31] *(Var)* – Gemenello[32] *(Cimiez: nördlich von Ni-
caea = Nizza)* – Tropaea Augusti *(La Turbie)* – In alpe Maritima –
Albentimillo *(Ventimiglia)* – Costa Bellene[33] *(Lacosta)* – Luco Bo-
ramni[34] – Albingauno *(Albenga)* – Vadis Sobates[35] *(Vado)* – Vico
Virginis – Alba Docilia *(Albissola)* – Ad navalia – Hasta – Ad figlinas
– Genua – Ricina *(Recco)* – Ad solaria – Ad monilia *(Moneglia)* – In
alpe pennino[36] – Boron – Lune *(Luni)* – Ad taberna frigida *(Fluß Fri-
gido)* – Fossis papirianis[37] – Pisis[38] *(Pisa)* – Turrita – Piscinas – Ad
fines – Vadis Volateris[39] *(Vada)* – Populonio – Maniliana – Saleborna[40]
– Ad lacum Aprilem – Umbro *(Fluß Ombrone)* – Hasta – Telamone
(Talamone) – Albinia *(Albegna am Flusse Albegna)* – Cosa – Succosa –

---

[9] *IG:* Saetabis. [10] *It.:* Sucronem. [11] *It.:* Traia capita. [12] *IG: Sub
Saltu.* [13] *IG, It.:* Palfuriana. [14] *IG:* Ad fines. [15] *It.:* Barcino. [16] *IG,
It.:* Aquis Voconis. [17] *IG, It.:* Gerunda. [18] *IG, It.:* Cinniana. [19] *Pto-
lem.:* Deciana. [20] *It.:* Ad Pyreneum. [21] *It.:* Ad centuriones. [22] *IG:*
Ruscinonem. [23] *It.:* Beterris, *IG:* Baeterras. [24] *IG:* Sextantione.
[25] *IF, It.:* Nemausum. [26] *IG:* Glanum, *It.:* Glano. [27] *Heute Aureille*
(= *Via Aurelia*). [28] *It.:* Matavonio. [29] *It.:* Forum Voconi. [30] *It.:*
Forum Iuli. [31] *It.:* Varum fl. [32] *bei Plinius und Ptolem.:* Cemenelion,
It.: Cemenelo. [33] *It.:* Costa balenae. [34] *It.:* Luco Bormani. [35] *It.:*
Vadis Sabatis. [36] *Rav.:* Apennina. [37] *It.:* Papiriana. [38] *It.:* Pisae.
[39] *It.:* Badis Volaterranis. [40] *It.:* Salebrone.

Ad nonas – Armenita fl. – Foro Aureli – Marta fl. *(Fluß Marta)* – Gravisca[41] – Tabellaria – Mindo fl. *(Mignone)* – Centum cellis *(Centocelle)* – Castro novo – Punicum – Pyrgos – Alsium – Bebiana – Lorio[42] – Roma.

4. Von Rom nach Syrakus
(Miller S. 333 ff., 347 ff., 403 f.)

Roma – Bobellas[43] – Aricia *(Ariccia)* – Sublanubio[44] – Tres Tabernas – Terracina *(Terracina)* – Fundis *(Fondi)* – Formis[45] *(Formia)* – Menturnis[46] *(Minturno)* – Sinuessa – Safo fl.[47] *(Savone)* – Vulturno *(Castel Voltorno)* – Literno – Cumas – Baiae *(Baia)* – In vinias – Puteolis *(Pozzuoli)* – Neapoli *(Napoli)* – Herclanium[48] – Oplontis – Pompeis *(Pompei)* – Nuceria *(Nocera)* – Salerno – Pestum[49] – Cesernia – Blanda – Lavinium – Cerelis[50] *(Cirella)* – Clampeia[51] – Terusa[52] – Tanno fl. – Vibona[53] Balentia – Tauriana – Arciade – Messana *(Messina)* – Tauromenio *(Taormina)* – Catina[54] *(Catania)* – Siracusis *(Siracusa)*.

5. Von Bordeaux zum Rhein
(Miller S. 118 ff.)

Burdigala *(Bordeaux)* – Varatedo *(Vayres)* – Corterate *(Coutras)* – Vesonna – Fines – Ausrito[55] – Pretorio – Acitodunum *(Ahun)* – Fines – Ubrivum – Aug. Nemeto – Aquis Calidis *(= Vichy)* – Vorogio – Ariolica *(Arilly)* – Sitillia *(Thiel)* – Pocrinio *(Perigni)* – Telonno *(Toulon)* – Augustodunum *(Autun)* – Cabillione *(Châlons)* – Ponte Dubris – Crusinie – Vesontine *(Besançon)* – Loposagio – Epomanduo[56] *(Mandeure)* – Large *(Largitzen an der Large)* – Cambete[57] *(Kembs)*.

6. Vom Rhein nach Wien
(Miller S. 55 f., 261 ff., 415 ff.)

Cambete – Arialbinnum – Augusta Ruracum[58] *(Augst)* – Vindonissa *(Windisch)* – Tenedone – Juliomago – Brigobanne – Aris flavis[59] *(Rottweil)* – Samulocenis *(Rottenburg)* – Grinarione – Clarenna – Ad Lu-

---

[41] *It.:* Graviscae. [42] *It.:* Loria. [43] *Plinius:* Bovillae. [44] *Cicero, Livius:* Lanuvium. [45] *Cicero:* Formiae. [46] *Livius:* Minturnae. [47] *Plinius:* Savo. [48] *Cicero:* Herculanum. [49] *Livius u. a.:* Paestum. [50] *Strabo:* Cerilli. [51] *Livius u. a.:* Clampetia. [52] *verschrieben für Terina.* [53] *Plinius u. a.:* Vibo. [54] *griech.* Katane. [55] *It.:* Augustoritum; *bei Ptol.:* Λιμούίκοι καὶ πόλις Αὐγουστόριτον *(Limoges).* [56] *It.:* Epamantuduro [57] *It.:* Cambate. [58] *It.:* Augusta Rauracum. [59] *Ptolemäus:* Βωμοὶ Φλαύαι.

65

nam *(Fluß Lone)* – Aquileia – Opiae – Septemiaci – Losodica – Medianis – Iciniaco – Biricianis – Vetonianis *(Pfünz)* – Germanico *(Kösching)* – Celeuso – Arusena[60] – Regino *(Regensburg)* – Servioduro *(Straubing)* – Quintianis *(Künzing an der Kinze* = Quintana) – Petrensibus – Castellum Bolodurum[61] – Ovilia[62] *(Wels)* – Marinianio – Blaboriaco[63] *(Lorch)* – Elegio – Ad ponte Ises *(Ips)* – Arelate (vgl. Fluß Erlaf) – Namare *(Mölk)* – Trigisamo *(Fluß Traisen)* – Piro torto – Comagenis – Citium[64] – Vindobona *(Wien)*.

7. Von Wien zum Schwarzen Meer

(Miller S. 421 ff., 499 ff., 551 ff., 505 ff.)

Vindobona – Villagai[65] – Aequinoctio – Carnunto – Gerulatis – Ad flexum – Stailuco – Arrabo fl. *(Raab)* – Brigantio[66] – Lepavist – Gardellaca – Lusomana – Aquinco[67] *(Alt-Ofen)* – Vetusallo[68] – Annamatia – Lusione[69] – Altaripa – Lugione – Donatianis – Ad labores *(Grenzwall)* – Tittoburgo[70] *(Dalya)* – Cornaco – Cuccio[71] – Milatis *(Banoster)* – Cusum[72] – Acunum[73] *(Alt-Szlankamen)* – Bittio[74] – Burgenis – Tauruno *(Semlin)* – Confluentibus – Singiduno *(Belgrad)* – Tricornio[75] – Monte aureo *(Oresac)* – Margum fl. *(Morawa)* – Viminatio *(Kostolatz)* – Punicum[76] *(Gradiste)* – Vico cuppe – Ad novas – Ad scrofulas – Faliatis[77] – Gerulatis – Unam – Egeta – Clevora – Ad aquas[78] – Dortico – Ad malum – Ratiaris[79] – Remetodia – Almo[80] – Pomodiana – Camistro – Augustis *(Fluß Ogost)* – Pedonianis – Esco[81] *(Gigen am Fl. Esker)* – Vio *(Gaureni am Fluß Vid)* – Anasamo *(am Fluß Anasamus* = *Osma)* – Securispa[82] *(Nikopol)* – Dimo – Ad novas – Latro[83] *(an der Mündung des Jatrus* = *Jantra)* – Trimamio[84] – Pristis[85] *(Rustschuk)* – Tegris – Appiaris[86] *(Rahowa)* – Transmarisca *(gegenüber der Mündung des* Mariscus = *Marosch)* – Nigrinianis – Tegulicio – Durostero[87] *(Silistria)* – Sucidava – Axiopolis – Calidava[88] – Carsio[89] *(Ker-*

---

[60] *It.:* Abusina.   [61] *Gemeint ist ein Doppelort, der im It. als* Ad castra *bzw.* Boidoro *erscheint: ersterer entspricht dem* Batava castra *(Passau), letzterer (auf der anderen Seite des Inn) ist das heutige Innstadt.*   [62] *It.:* Ovilavis *(Schafzucht!).*   [63] *It.:* Lauriacum.   [64] *Ptol.:* Cetius mons.   [65] *It.:* Ala nova.   [66] *It.:* Bregetione.   [67] *Ptol.:* Aquincon.   [68] *Ptol.:* Salinum.   [69] *Ptolem.:* Lussonion.   [70] *It.:* Teutiburgio.   [71] *It.:* Cucci.   [72] *It.:* Cusi.   [73] *It.:* in medio Aciminci.   [74] *Ptol.:* Rittion.   [75] *Ptol.:* Tricornium.   [76] *bei Prokop* Picnús, *in anderen Quellen* Pincum, *an der Mündung des Flusses* Pingus *(Ipek).*   [77] *It.:* Talia, *auf Inschriften:* Taliata.   [78] *It.:* Aquis.   [79] *It.:* Ratiaria.   [80] *Prokop:* Almós.   [81] *Ptol.:* Oiskos, *Prokop:* Iskós.   [82] *It.:* Securisca.   [83] *Prokop:* Jatra.   [84] *Ptol.:* Trimmanium.   [85] *It.:* Sexantapristis.   [86] *It.:* Appiaria.   [87] *Ptol.:* Durostorum.   [88] *It.:* Capidava.   [89] *Prokop:* Carso.

sova) – Bereo *(Daeni)* – Troesmis[90] – Arubio[91] *(Macin)* – Noviodum[92]
– Salovia – Ad stoma *(an der südlichen Donaumündung).*

XXXVII. Ortsnamen aus Prokop

In seinem Werk *Περὶ κτισμάτων* (De aedificiis), das die Verherrlichung
der kulturellen Leistungen Kaiser Iustinians bezweckt, nennt Prokop eine
Unmenge geographischer Namen aus dem nördlichen Balkan und dem Donau-
gebiet, von denen uns das meiste aus anderen Quellen nicht bekannt ist. Auf
die Bedeutung dieser Namen für die Erschließung der balkanischen Latinität
hat Peter Skok in dem fesselnden Aufsatz 'De l'importance des listes
toponomastiques de Procope pour la connaissance de la latinité balkanique'
(Revue des études balkaniques, vol. III, 1937, p. 47–58) hingewiesen. Wir
geben nach der Ausgabe der Werke Prokops von H. B. Dewing, vol. 7
(London 1940) aus den im 4. Buch enthaltenen Namenlisten eine Auswahl
derjenigen Namen, die vom romanistischen Standpunkt ein Interesse verdienen. Wir ersetzen die griechische Orthographie durch das lateinische Al-
phabet.

In Neu-Epirus (Albanien): Stephaniakon, Martis, Titiana, Kle-
mentiana.

In Makedonien: Kandida, Siklai, Gentianon, Priniana, Kumar-
kiana, Plakidiana.

In Dardanien (Serbien): Kesiana, Usiana, Kelliriana, Genzana,
Eutychiana, Biktoriana, Durbuliana, Maniana, Kastellobretara *(lies:*
Kastellobetere), Berzana, Quintu, Markelliana, Primoniana.

Im Distrikt Kabetzos: Duiana, Turikla, Triskiana, Stenekorta.

Im Distrikt Remesiana (Moesia Sup.): Lamponiana, Primiana,
Spelonka, Tulkoburgo, Longiana, Lupophantana *(lies:* Lupofontana).

Im Distrikt Aquenisium: Petrus, Sculkoburgo, Vindimiola,
Kastellonovo, Florentiana, Romyliana, Septekasai, Auriliana, Turri-
bas *(lies:* Turribus), Tredetetilius *(lies:* Tredeketilius), Vikanobo *(lies:*
Vikonobo), Zanes (= Dianes = Dianae), Julioballe.

In Haimimonton (Thrakien): Kasibonon, Gesilafossatum,
Bredas, Bia, Kleisura, Kabotumba, Markianon.

In Mösien (Bulgarien): Deoniana, Bidigis, Gemellomontes,
Asilba (Ad silvam?), Fossatum, Konstantiana, Mauroballe, Monteregine, Nobas.

XXXVIII. Cognomina

Vgl. dazu Bruno Doer, Die römische Namengebung (Stuttgart 1937). –
Über die Herkunft der Nominalstämme: W. Schulze, Zur Geschichte der

---

[90] *It.:* Trosmis.   [91] *It.:* Arrubio.   [92] *It.:* Noviodum, *Ptol.:* Noviodunum.

lateinischen Eigennamen (Abh. Ges. der Wiss. zu Göttingen). Berlin 1904. –
Umfassende neuere Forschung durch Jiro Kajanto, The Latin cognomina
(Helsinki 1965), Onomastic studies in the early Christian inscriptions of Rome
and Carthage (Helsinki 1963), Supernomina, a study in Latin epigraphy
(Helsinki 1966). – Zu den norditalienischen Namen, s. Conway–Whatmough–Johnson, The Prae-Italic dialects of Italy, vol. I, 1933, S. 211
–459.

1. Afrika (CIL. vol. VIII).

Tulius Adeodatus 8348
Anucella 7694,13
Apicla 9330
Arbuscla 4914
U. Ulpius Ascla 2554
Bernaclus 2992 (*vgl.* Vernacla
4522)
Bictoria 1769
L. Cervius Buturarius 6412
Luxia Catla 5039
Manilius Cresces 9144
Antistia Victoria Daphinidis
10849
Decasius 369
Depusinna 9752
Domnula 8890
Sitia Fabucia 7771
Claudia Fabiola 9297
Iulia Felicla 6228
Flavia Flaccilla 2905
Aelia Gallitta 716
Appius Ianarius 4441

Ispenica 5245 (*vgl.* Spenica 3577)
Ispesina 150 (*vgl.* Spesina 2152,
4442)
Ulpius Isthefanus 2403
Rubria Maiorica 4621
Iulia Minorica 3814
Fabia Monnula 7101
Caerellia Mustacia 4941
Magnius Mustius 5255
Felix Extricatinus Mustulus 27015
Iulia Nina 4088
Nonnica 9255
Curtia Pollitta 4963
Metilia Quartilla 5819
L. Nonius Felix Rotasius 6280
Saumina 481
Zabulius 3373
Zabullus 15546 u. öfter
Zaplutius 7219[1]
Iulius Zodorus 9742
Zonisius 7933

2. Oberitalien (CIL. vol. V).

Aculla 2568
Felix qui et Acutus 6093, *Vater*
von Simplicia Acutilla 6093
Adeodatus 5683
Argentilla 7298
C. Afinius Ascla 3257
Saturius Atiliacus 8122
C. Cassius Atilianus 5991

Donnus 7232
Gattila, *gen.* Gattilanis 6176
Valerius Jenuarius 6784
P. Atilius Masclus 5750
Flavius Megetius *und sein Sohn*
Megetiolus 1689
Nonnus 1600
M. Dubitatius Pervincus 3299

---

[1] *Vgl.* saplutus *Petr. 37,1.*

Flavia Bassilla 7882
Q. Quintius Brixianus 4629
Q. Baebius C. f. Cardilliacus 2462
Cocaciacus Solici f. 7343
Daphinis 5157 (*vgl.* Daphnis 1336)
Aurelia Domnula 8662

Sulpicia Primilla 7111
Publicia Pusinna 4993
Q. Veionius Teuda 3058
Tzitta, *gen.* Tzittani 7793
G. Lecanius Vitalis qui et Serpul-
lius 17

3. Spanien (CIL. vol. II).

Arrius Badiolus 129
Blattia Caecilia 2715
Sura Cercia 1788
Cervia Maura 1942
Dasumia Quinta 1801
Caricus Cari f. 2954
Memmia Caretosa 3307
Pompaia Pusinna 2800

M. Sempronius Ruburrus 3570
Attius Reburrinus 2679
Sulpicius Susulla 2984
Publicia Tertiola 1994
G. Numisius Titicus 5447
Sempronius Titullus 2923
Trutedius Clemens 2543
Vibius Zoticus 1157

XXXIX. Supernomina

Die Supernomina zeigen den beginnenden Übergang von dem klassischen System der 'tria nomina' zur frühmittelalterlichen Einnamigkeit (*Ambrosius, Heraclius, Venantius*). Es handelt sich teils um scherzhafte oder charakterisierende Spitznamen (*Asellus, Buttin, Cardelus, Sterceius, Tripeccius*), teils um verkürzte Kosenamen (*Minna, Monna, Nonnica*). Sehr viele andere Namen sind fremdländischer (griech., afrik., german., balkan.) Herkunft. Es sind meist Namen von Sklaven oder Freigelassenen, die ihnen in ihrem vulgären Milieu verblieben sind, während sie oft offiziell einen römischen Namen trugen: *Buttin, Calonymos, Fato, Gusura, Itrius, Maccal, Sassa.* Griechische und römische Tradition verbinden sich in den Namen römischer Beamter in Ägypten (s. no 34–37). – Die Supernomina haben eine gewisse Bedeutung für die Rückdatierung des romanischen Wortschatzes (*Mininnus, Ninnos, Pottus, Nonnica, Tzitta*).

Die Anknüpfung des Supernomens erfolgt in verschiedenen Formeln: qui et (vocatur), sive, signo. Zur Verbreitung und Herkunft: M. Lambertz, Zur Ausbreitung des Supernomens oder Signum im römischen Reich, in Glotta Bd. 4, 1913, S. 78–143, Bd. 5, 1914, S. 99–170; Jiro Kajanto, Supernomina, a study in Latin epigraphy (Helsinki 1966). – Unsere Auswahl meist nach den Bänden des Corpus Inscriptionum Latinarum.

Egnatia Farucia que et Letina (Andalusien; II, 1067).
Liguria Procilla quae et Albucia, *Gattin von C. Albucius* (Dalmatien; III, 2074).
Aur. Secundianus qui et Itrius (Pannonien; III, 3904).

Cornelia Longa quae et Secundilla (Thrazien; III, 7347).
5 Veneria Valentina qui et Pelma (Moesia Inf.; III, 7454).
P. Valeria Tzita qui et Vitalis (Moesien; III, 12396).
G. Lecanius Vitalis qui et Serpullius (Istrien; V, 17).
C. Julius Epictetus qui et Fato (Aquileia; V, 1102).
Felix qui et Acutus, *Vater von* Simplicia Acutilla (Mailand; V, 6093).
10 L. Aurelius Panniculus qui et Sabanas (*ein libertus,* Rom; VI, 10117).
Felix verna qui et Tripeccius (Rom; VI, 17857).
C. Julius Nereus qui vocatur Peticius (Rom; VI, 20150).
C. Mantius Januarius qui vocatur Asellus (Rom; VI, 23556).
Comidius Quetus qui et Gutulus (Numidien; VIII, 2847).
15 Valeria Concessa quae et Sassa (Numidien; VIII, 2937).
Clodia Victoria quae et Pupa (Numidien; VIII, 3132).
Tib. Claudius Hilarus qui et Saponius (Numidien; VIII, 3525).
Sextilius Laetus qui et Cardelus (Numidien; VIII, 3834).
Pusinna q. et Felicitas (Numidien; VIII, 4012).
20 Stabiria Monnica qui et Gusura (Numidien; VIII, 4406).
L. Petronius Festus qui et Zabulius (Numidien; VIII, 7636).
Aemilia Maura quae et Mininna (Mauretanien; VIII, 9079).
Ulpius Serenus qui et Maccal (Mauretanien; VII, 9890).
L. Licinius Maximus (qui et) Spanius (Numidien; VIII, 10588).
25 Appellenia Paulina quae et Minna (Numidien; VIII, 18602).
Avatia Victoria qui et Monna (Numidien; VII, 1679).
Eutychia quae et Buttin (Brundisium; IX, 147).
Gundeberga qui et Nonnica (a. 570, Toscana; XI, 941).
Valeria Attica signo Amantia (Gallien; XII, 2021).
30 C. Terentius Romulus sive Drimylus (Gallia Narbon.; XII, 3350).
P. Tadius Saturninus qui et Sterceius (Ostia; XIV, 1654).
C. Julius Ingenuus qui et Mininnus (Ostia; XIV, 1154).
Primanius Ingenus sive Pottus (Trier; C. I. Rhen. 752).
Σαβεῖνος ὁ καὶ Νίννος *(ein römischer Beamter in Ägypten,* a. 135 p.
Chr.; Papyrus Teb. II, 164).
35 Κλαύδιος Δίδυμος ὁ καὶ Γέμεινος *(röm. Beamter in Ägypten,* a. 124 p.
Chr.; Papyrus; Arch. II, 125).
Αὐρήλιος Λογγῖνος ὁ καὶ Ζώσιμος *(röm. Beamter in Ägypten,* a. 215
p. Chr.; Papyrus BGU II, 529).
Αὐρήλιος Ἡράκλειος ὁ καὶ Λιβεράλις *(röm. Beamter in Ägypten,* a.
222 p. Chr.; Papyrus MPER 1436).
Σιμπλικία ἡ καὶ Καλώνυμος (Rom, a. 298 p. Chr.; G. B. de Rossi,
Inscript. Christianae urbis Romae, vol. I, 1857, no 23).
Julius Januarius idem et Coddeus (Afrika; VIII, 18410)[1].

---

[1] Vgl. *Quodvultdeus* und *Cobuldeo* = *Quodvultdeo* christlicher Inschriften von Rom (Kajanto, Latin cogn. 59).

Indices[1]

A. Index verborum

In den Index verborum wurden alle Wörter aufgenommen, die einer Erklärung bedürfen oder wegen ihres vulgären Charakters beachtlich sind. Sehr bekannte Lauterscheinungen werden hier nicht berücksichtigt.

abante hinfort, jemals I. 55.
aboculis blind PS. XX, XXI.
absenthium = *absinthium* Gl. 4,1.
acceptor = *accipiter* Habicht Roth. 317, 320.
acqua AP. 27.
ac si gleichsam wie Per. 39,4.
ac sic so Per. 52,8; 55,15.
acte (gr.) Niederholunder Marc. VII, 13.
actogild (germ.) Buße Roth. 288.
acucula Tannennadel Marc. XXI, 6.
a dentes mit dem Körper nach vorn Gl. 1,4.

ad (ersetzt Dativ) LS. (Par.).
ad hora jetzt, eben erst Anth. 25,60.
adubi als (Konj.) Caes. 257,3.
aestuare verbrennen Matth. 13,6 (It.).
aforis außen Patr. V, 15,29.
afronitron (griech.) Salpeter Comp. G. 29.
agramire geloben, die Sache vor Gericht zu stellen LS. 47.
agrus = *acrus (acer)* scharf Or. VI, 42.
alare = *ambulare* Gl. 1,92–94.
alauda (gall.) Lerche Greg. 167,21.

[1] Verzeichnis der nicht selbstverständlichen Abkürzungen (vgl. das Inhaltsverzeichnis):

Alim. = Tab. Alimentaria
Anth. = Anthimus.
Ap.   = Apicius.
AP.   = Appendix Probi.
Cap.   = Capitulare de villis.
Caes. = Caesarius von Arles.
Carm. = Carmina epigr.
Cogn. = Cognomina.
Comp. = Compositiones Lucenses.
Def.   = Defixionum tabellae.
Diosc. = Dioscorides.
Ep.   = Epistolae maledicentes
Et.   = Etimologiae Isidori
Fred. = Fredegar-Chronik.
Gl.   = Glossare.
Greg. = Gregor von Tours.
Hym.   = Hymnendichtung
I.   = Inschriften.
It.   = Itala-Fassung
LS.   = Lex Salica.

Marc. = Marcellus Empiricus.
Matth. = Matthaeus.
Mul.   = Mulomedicina.
Or.   = Oribasius.
Pall. = Palladius.
Pap.   = Papyrus Ravenn.
Patr. = Vitae patrum.
Per.   = Peregr. Egeriae.
Petr. = Petronius.
Peut. = Tab. Peut.
Pl.   = Plautus
Prob. = Probus.
Prok. = Prokop.
PS.   = Actus Petri cum Simone.
Rib.   = Lex Ribuaria.
Roth. = Ed. Rothari.
Serv. = Servius.
Sup.   = Supernomina.
Tabl. = Tablettes Albertini.

albeus = alveus AP. 19.
albiolus = alveolus Pap. 1.
aled = alid = aliud I. 76.
alfitum = alphitum Gerstenmehl Or.
VII, 6; alphita Anth. 64.
alissum Steinkraut Diosc. X, 421,16.
alithinus (griech.) rot Comp. A 14.
alleluiaticum das Hallelujah Greg.
685,3.
amandula Mandel Anth. 90.
ambubaia Gassenmusikantin, ordi-
näre Flötenspielerin Petr. 74,13.
ambulare: ambula PS. XX; ambulasset Gl. 1,15.
amnare = ambulare I. 70.
amyndala Gl. 2,28; s. amandula.
anamemigmenus (griech.) gemischt
Comp. A 14.
anaticula hölzerner Riegel Gl. 2,26
und 4,10.
andenus Feuerbock Cap. 42.
anicula alte Frau Patr. VI, 2,8; Hexe,
Hexenmaske Caes. 743,12.
anniclus einjährig I. 68.
anoclus I. 19, einjährig.
anona Lebensmittel Roth. 5.
antenatus Stiefsohn Et. IX, 6.
anucla alte Frau AP. 38.
apeculare Bienenstand Roth. 318.
apiosus schwindelig Mul. 986.
applicare landen, gelangen, kommen
Patr. V, 2,9.
apud (aput) mit, durch LS. (Par.).
aquaria Bewässerungsgraben Tabl. 1.
aquarium Wasserplatz, Wasserleitung
Or. IX, 5.
arbor fem. Greg. 146,22 und 283,12;
masc. Anth. 86 und Greg. 283,12.
arbriscellus Strauch Gl. 1,61.
arcisellium Stuhl mit Bogenlehne
Petr. 75,1.
arescere, Perf. arui, dürr werden,
vertrocknen Matth. 13,6; Pall.
IX, 3.
articlus = articulus AP. 4.
arunda = arundo Gl. 1,59.
asa = ansa AP. 22.
ascialis Achse GL. 1,57.

ascitis Asket Per. 52,8.
asprio vollwertiger Denar Pap. 1.
astla regia = hastula regia Aspho-
deluslilie Marc. IX, 43.
asto und asto animo absichtlich Roth.
149 und 345.
at v. ad.
aucellus Vogel Anth. 31.
auma (punisch?) ein Agrarbegriff
Tabl. 1.
auricula Marc. IX, 98 und Diosc.
220,26.
aus = avus AP. 9.
ausare wagen Roth. 345.
avetarda Trappe Anth. 33.
avia Großmutter I. 21; Carm. 7; Gl.
2,37 und 4,11.
avonculus Onkel I. 13; aunclus I.
53.
axegia Zaunlatte Roth. 286.
axegiatum Zaun Roth. 286.

badeos (badius) rotbraun Mul. 960.
baliscus (= balniscus) kleines Bad
Petr. 42,1.
ballare tanzen Caes. 65,23.
ballatio Tanz Caes. 65,23.
balneus = balneum Petr. 41,9.
balteum Riegel I. 32.
bancalis Tischtuch Cap. 42.
baplo = vapulo AP. 47.
barbas, -anis Onkel I. 26; Roth. 163,
164.
bardus träge, dumm Pl. 27.
baro freier Mann Ep. 2,21; Rib. 86.
barriclum Faß Cap. 68.
bataclare gähnen Gl. 6,16.
batlinia Leintuch Cap. 42.
battere = battuere Comp. L 12.
baucus (germ.) Armband, Ring Gl.
1,62.
beccus Schnabel Gl. 1,88.
bel = vel Or. I, 18.
berbex, berbix I. 36; Cap. 3; Gl. 1,83.
berbicarius Schafhirt Gl. 1,19.
bespa = vespa Gl. 6,21.
besta Schlange Gl. 6,1.
bisacutus zweischneidig Gl. 4,6.

bisatia (= *bisacia*) Doppelsack Gl. 1, 37.
bisteola, bistiola kleines Tier Or. IX, 5.
blennus dumm Pl. 27.
blista Erdscholle Gl. 1,73.
bonatus gutmütiger Kerl Petr. 74,13.
botiliarius Kellermeister LS. (Par.).
bovis = *bos* Petr. 62,13; Gl. 2,32.
bovulcus = *bubulcus* Roth. 133.
bracco Bracke Ep. 2,21.
bracias = *bracia* Def. 2.
bracile Gürtel Pap. 1.
bracius Malz Cap. 34.
braga = *braca* Gl. 1,65.
bromosus stinkend Diosc. X, 438,5.
brunia (germ.) Brustharnisch Gl. 1,42.
brutes I. 45, *bruta* Gl. 5,9. (germ.) Schwiegertochter.
bua v. tata (Anm.)
bubo Eule Gl. 5,2.
bucca Mund Gl. 1,79.
bucco dumm Pl. 27.
bucella kleiner Bissen, Stückchen Anth. 75.
buffo Art Maus Gl. 6,17.
burgos = *castra* Gl. 5,1.
buticula Weinflasche aus Fell oder Weinkrug? Cap. 3.
buttis Faß Cap. 68.
buxis Büchse aus Holz Gl. 3,9.

caballus Pferd I. 3.
caccabatus geschwärzt Patr. V, 15,29.
cacostomacus schwer verdaulich Diosc. X, 190, 1; X, 220,26.
cacostomacus schwer verdaulich Diosc. X, 190, 1; X, 220,26.
cala = griech. *ta kāla* Holz Et. XX, 5.
calaminthe echte Minze Or. IX, 5.
calcai = *calcavi* Prob. 182,11.
calcare feststampfen Caes. 617,19.
calculosus an Steinen leidend Mul. 228.
caldus = *calidus* Petr. 41,9; AP. 14.
calfacere wärmen Petr. 41,9.
calli = *challi* < *hasli* (germ.) Zweige Rib. 16.

calliomarcus (gall.) Huflattich Marc. XVI, 101.
calocatanos (gall.) wilder Mohn Marc. XX, 68.
calves sorices Fledermäuse Gl. 1,96.
cama Bett Et. XIX, 22.
camba Bein Mul. 47.
cambortus Zaunpfahl Rib. 47.
cambosus mit Geschwüren an den Beinen Mul. 47.
camfio (germ.) Zweikampf Roth. 213.
cammara = *camara* AP. 24.
cam(p)sare || *de via* – vom Wege abbiegen Per. 52,8.
canaba Weinlager Caes. 550,21.
capitellum kleiner Abschnitt aus den Psalmen Greg. 685,3.
cappellare, capellare zerschneiden, zerbrechen Anth. 75, Roth. 288.
caprunus zur Ziege gehörig Marc. XX, 68; Anth. 75 und 82.
capsicium (cfr. franz. *chassis*) Kästchen Pap. 2.
capulare abhauen Rib. 47; Cap. 36.
caput || *vicus caput Africae* AP. 32; vgl. *paedagogo a caput Africae* (CIL 6, 8985).
carica getrocknete Feige Anth. 93.
carracium Pfahl Roth. 293.
carrucaricius || *caballus* – Zugpferd LS. 31,1.
castenea = *castanea* Or. II, 1; Roth. 301.
cata (praep.) jeweils nach Per. 71,16.
catecra (= *cathedra*) Ehrenplatz einer Schenke I. 71.
catenatum Vorhängeschloß Et. XX, 13.
caucolus (= *calculus*) Steinchen Mul. 228.
cauma Hitze Patr. VI, 2,8.
cauteriare mit dem Brenneisen brennen Mul. 47.
cavanna Hütte Gl. I, 95.
ceciola Blindschleiche Gl. 2,21.
cellatio Zimmerreihe (?) Petr. 77,4.
cenapura Vorbereitung, Tag vor dem Sabbat Gl. 5,10.

centensimum = centesimum Matth.
13,8 (It.).

cerasium Kirsche Pall. XI, 12,4.

cerasus Kirschbaum Pall. XI, 12,4.

cervulus Maske mit Hirschkopf Caes.
743,12.

cicerculum Platterbse Gl. 2,19.

cicinus = cycnus Roth. 317; Gl. 6,8.

cinerentus mit Asche beschmutzt Patr.
V, 15,29.

cinque = quinque I. 69.

cinquaginta = quinquaginta I. 48.

cinquanta = quinquaginta I. 62.

cinus = cinis Or. VII, 6.

cito (it. aceto) Essig Pap. 1.

civitas Stadt Peregr. 65,5; 69,14;
Caes. 221,13; Gl. 4,3; 5,12.

clodus hinkend Gl. 2,38.

clostrum Verschluß Gl. 2,24.

coacolare = coagulare Anth. 76.

coccineus scharlachrot Marc. VIII,
135.

coccymelum eine Pflaumenart Et.
XVII, 7,10.

cocens = coquens AP. 12.

coclea Wendeltreppe Per. 39,4.

cocleare, cochleare Ap. IV, 2,25;
cocliar Anth. 64; cocliarium AP.
18; Or. I, 17.

cocus = coquus AP. 11; Prob. 126,9.

cod = quod I. 60.

codex = Stock, Klotz Petr. 74,13.

voepi mit Inf. Petr. 37,1; 41,9; Per.
39,4; 52,8; 57,12 hat oft nur den
Wert eines einfachen Perfekts im
Sinne eines ingressiven Aorists.

coiux = coniux I. 18.

collectio Eiteransammlung Mul. 691.

collirium Mul. 79, collyrium Diosc.
X, 190,1 Augensalbe, Salbe.

colucla Spinnrocken Gl. 3,12.

colus, -i Spinnrocken Caes. 550,21.

comparare kaufen Gl. 1,20.

con = cum I. 17,18.

conbina Vereinigung Caes. 272,23.

conca aerea kupferner Kessel zum
Wasserholen Pap. 1 = ital. (Abr.)
conca, s. AIS, Karte 967, fig. 5.

conchicla Bohne mit Schale Ap. V,
4,2.

condam s. quondam.

conogla, conoclea s. cunucula.

conrogata Caes. 272,23 gemeinsame
Zusammenarbeit der Bauern; corvada Cap. 3 Zwangsarbeit.

consiliator böser Ratgeber Roth. 163.

constare auseinander stehen Mul. 399.

convinit es ist beschlossen worden
LS. (Par.).

convivare = convivari ein Gastmahl
veranstalten Petr. 57,1.

corcus Leibgrimmen Marc. XXI, 2.

cordapsu = chordapsus Darmver-
schlingung Or. IX, 6.

coredalus = corydalus Greg. 167,21.

corius = corium Pl. 22.

cornum = cornu Prob. 125,15.

corona bubula große Saturei Ap. IV,
2,25.

corvada s. conrogata.

cotulus Steinchen Anth. 75.

cozux I. 66; cozuce I. 66 = coniux,
coniuge.

cramaculum Feuerkette Cap. 42.

crebare = crepare Ep. 2,19.

criblare = cribrare Marc. XXXIV,
104.

crudaster etwas roh Anth. 21.

cumana irdenes Kochgefäß Ap. V,
4,2.

cuniada Beil Cap. 42.

cuntellum = cultellum AP. 6.

cunucula Rib. 61,18; conogla Caes.
550,21; conoclea Gl. 6,20 Spinnrocken.

cupes = cuppes Naschmaul Def. 8.

cuse = consue Comp. D 14.

cusuc Bude, Hütte Petr. 77,4.

cydonites Quittenhonig Pall. XI
20,1; Marc. XX, 126.

danea Tenne Gl. 1,63.

daras = dare habes Fred. 85,27.

de || melior de Caes. 520,3.

de (part.) Pl. 8.

debelis (debelus?) in Kultur genommenes Land, ital. *debbio* Alim. III, 72; IV, 39.

decubare krank liegen Greg. 685,3.

deficere = *defigere* mit dem Zauberbann binden, verfluchen Def. 2.

deforis außerhalb Marc. XX, 126; Diosc. X, 411,3; LS. 11,1.

defritum = *defretum* Traubensaft Ap. IV, 2,25.

deintus innen Marc. XX, 126; Diosc. X, 411,3; Patr. V, 15,29.

deiossum Mul. 228; *deiuso* Anth. 25 = *de deorsum* aus dem Leib; *producere deiuso* Anth. 25 durch den Darm abstoßen.

deliciae pueri ein reizender Junge Pl. 14.

delonge a Anth. 4 fern von.

demittere s. *dimittere.*

depost Serv. 517,22; Patr. VI, 2,8.

depraesentiarum = *de praesentia harum rerum* unverzüglich Petr. 74, 13.

desuper = *super* Pap. 2.

detrans = *trans* Serv. 440,12.

devenire werden, Anth. 4.

dextera || *cum dexteras armatas iurare* einen Waffeneid schwören Rib. 37,1.

dies fem. Def. 5; Per. 69,14 und 70, 16; Matth. 13,1 (It.); Caes. 272,23 und 744,6; Anth. 51; Greg. 685,3. – Hat mask. Geschlecht: Petr. 76, 1; Matth. 13,1; PS. XX; Mul. 47. – *Dies dominica* Per. 39,4; *dies Iovis* Marc. XVI, 101 und Caes. 744,6; *dies Lunis* I. 16; *dies Martis* Caes. 744,6; *dies Mercurii* Caes. 744,6; *dies Mercuris* I. 75; *media dies* Diosc. XI, 59,21.

dieus = *deus* I. 27.

dilator = *delator.* Ep. 2,15.

dilatura Verzugsinteresse, Zins LS. 2,12 u. ö.

dimittere, demittere lassen Comp. D 14.

discaregare abladen LS. 27,11.

dispumare = *despumare* Comp. D 14.

dolatura Axt Cap. 42.

domnula = *dominula* I. 15.

domnus = *dominus* Ep. 1,1.

dorsus = *dorsum* Pl. 21.

dracontea Drachenblut (Pflanze bzw. Farbe) Comp. A 14.

drappus = *pallium* Gl. 1,45.

drauma = *dragma (drachma)* Drachme (⅛ Unze) Or. I, 17.

duco me ich gehe Gl. 2,10; 4,7.

dunc = *donec* I. 78.

ecce iste dieser Pl. 15; Per. 57,6 und 57,12.

eccille Pl. 16,17.

eduniare sühnen, wiedergutmachen Roth. 345.

edus = *haedus* I. 36.

eis = *eius* Mul. 514.

elevorus = *helleborus* Gl. 6,21.

elixus gekocht Ap. IV, 2,13.

enita (germ.) Ente Cap. 40.

eo quod deswegen weil Fred. 46,4; Matth. 13,6.

epythimum = *epithymum* Thymian Or. I, 17.

equale = *equile* Pferdestall Mul. 698.

ericio Stachelschwein Gl. 3,7.

erugo = *aerugo* Rost, Grünspan Diosc. X, 190,1.

ervilia kleine Erbse, hier kollektiv Petr. 57,1.

esclus s. *hisclus.*

esse || *fui in funus* ich ging zu einer Beerdigung Petr. 42,1.

essere = *esse* I. 60.

estercus = *stercus* Mul. 957.

et als Einleitung eines Hauptsatzes (wenn Nebensatz vorausgeht) Or. IV, 40.

ex partitiv, z. B. *tolle ex luza* nimm Färbekraut Comp. D 14.

exercitalis Soldat, Krieger Roth. 24.

exhoriri = *exoriri* aufgehen Matth. 13,5 (It.).

exsucare dörren, trocknen Anth. 51.

facere veranlassen, befehlen Fred. 100,23.

facla Fackel AP. 31.
facunt = *faciunt* I. 4.
fagia Buche Roth. 300.
failla = *favilla* AP. 20.
famex Quetschung, Blutblase Mul. 698.
fara Geschlecht, Familie, Habe Roth. 177.
farinula ein wenig Mehl Patr. V, 4,59.
favaria Bohnenfeld LS. 27,7.
febrarius AP. 45.
felare = *fellare* saugen I. 8.
femus = *fimus* Mul. 698; Or. IX, 16; Gl. 1,35 und 6,2.
fenea, femea Gerstenschrot Anth. 64.
fenicinus = *phoenicius* rotbraun Diosc. XI, 59,21.
feniclu Fenchel Gl. 3,5.
feramen Wild, Tier Cap. 36.
feria Wochentag, *feria secunda* Montag I. 60 und Caes. 744,6; *prima feria* Sonntag Caes. 744,6; *tertia feria* Dienstag Caes. 744,6; *quinta feria* Donnerstag Caes. 222,13.
fetere = *foetere* stinken Patr. V, 4,59.
ficatum (ficatus?) Leber Marc. XXII, 34; Anth. 21; Diosc. X, 191,24; Gl. 1,44.
filectum mit Farnkraut bewachsener Ort Pall. IX, 3.
ficitula, fecitola Feigenschnepfe Anth. 31.
flasca Flasche Et. XX, 6³.

flegma Or. I, 17, *fleuma* Or. I, 18; Diosc. X, 438,5; Ep. 2,20; Gl. 6,3 Schleim.
fleuma s. *flegma.*
fleumaticus an Katarrh leidend Anth. 60.
focus Feuer Anth. 75; Pap. 2.
follis = *stultus* Gl. 6,22.
follis ein Münzwert Tabl. 1.
forestis königlicher Forst Cap. 36.
formaticum Käse Cap. 34.

formonsus = *formosus* AP. 21; Carm. 5.
fossatum Graben Gl. 3,11.
fossorium Hacke Et. XIX, 14,7.
fragiare brechen Roth. 315.
fraxus Esche Pall. III, 25.
fricda = *frigida* AP. 15.
fruniscor ich genieße Petr. 75,1.
fugire = *fugere* Roth. 1.
fungus blöder Mensch Pl. 27.
furbannitus in die Acht erklärt Rib. 90.

gaforium (germ.) Bequemlichkeit Gl. 1,52.
gahagium Gehege, eingehegter Wald Roth. 320.
gamallus Gerichtsgenosse LS. 47.
garbo (germ.) Garbe Gl. 1,22.
garum Fischbrühe Cap. 34.
gastaldius Amtsmann, Verwalter Roth. 24.
gelare erstarren Comp. G. 28.
gemio (berber.) Bewässerungsparzelle Tabl. 1.
geniculum Knie Gl. 5,3.
genitium = *gynaeceum* Frauengemach Cap. 49.
gesenterum = *ges énteron* (griech.) Regenwurm Or. VII, 1.
gilus = *giluus (gilvus)* hellgelb Mul. 960.
giro ‖ *per giro, per girum* ringsherum, im Kreise Per. 38,11; 38,19; 39,4.
gitter = *git* Schwarzkümmel Or. IX, 5.
globellum Knäuel Et. XIX, 29.
grafio (germ.) Graf Fred. 158,13.
grandia grobes Mehl, Kleiemehl Gl. 3,1.
graticula Anth. 21, *graticla* Gl. 2,35; = *craticula* Bratrost.
gravastellus v. *ravistellus.*
grova Kranich Roth. 317.
gubellum (v. l.) v. *lubellum.*
gufo Eule Gl. 5,2.

---

³ Vgl. *pilasca* (lies *phlasca?*): *vas vinarium ex corio* Corp. gloss. lat. 5, 606, 49.

gustum Kostbissen ‖ *non mi gusti fuit* das war mir nicht einen Pfifferling wert Petr. 76,1.

habere mit dem Part. Perf.: *missa habeo* Pl. 29; *habuit depositum* Patr. VI, 2,8; *habemus institutas* Cap. 1. Mit dem Infinitiv: *essere abetis* I. 60; *ungueri habet* Marc. XVI, 105; *vomire habet* Or. I, 18; *dicere habemus* Or. II; *bibere habet* Or. IV, 40; *habent erubescere* sie werden erröten Caes. 771,16; *habuisti mittere* du hättest hineingetan Patr. V, 4,49; *habuit habere* Roth. 197. Mit *quid* und Infinitiv: *habemus quid cenare* Gl. 4,8. Unpersönlich: *habet* es gibt Matth. 13,27; Anth. 33. – Vgl. *daras, irabis.*

haedillus junger Bock Pl. 30.

harundo = *hirundo* AP. 35.

havus (germ.) Haken Gl. 1,29 und 1,98.

helmus (germ.) Helm Gl. 1,72.

hibernum Anth. 50; *ibernus* Gl. 1,72 Winter.

hince = *hinc* I. 1.

hisclus, esclus = *aesculus* Speiseeiche Roth. 300.

holisatrum = *olusatrum* Schwarzkohl Ap. IV,2,4.

homem = *omne* Tabl. 2.

hostare v. *ostare.*

humerale Schulterumhang Patr. V, 15,29.

hyrcinus = *hircinus* zum Ziegenbock gehörig Diosc. X, 191,24.

iactatus = *jactus* Gl. 5,5.

jectus = *ictus* Schlag LS. 17,8.

ilei = *illi* Dat. fem. I. 67.

ille Vorstufe des Artikels: *de Macario illo maiore* Patr. VI, 2,6; *notissimus ille* Carm. 8; *illa fava fresa*

Anth. 65; *illa acida* Anth. 84; *illum iumentum* Mul. 470.

illeius = *illius* fem. I. 21.

imbulare s. *involare.*

imudare = *immutare* (?)[4] = alienare, entwenden Def. 1.

inde = franz. *en* Pl. 3,4.

infantes Kinder Gl. 1,16; Gl. I, 85.

inipyrus = *iuniperus* Gl. 5,6.

insana Bilsenkraut Et. XVII, 9,41.

insemul = *insimul* Fred. 144,1.

interenea = *interanea* Eingeweide Diosc. X, 191,12.

interpetes = *interpres* I. 23.

intertiare in die dritte Hand geben, den Gewährsmann beibringen für etwas, an den Vormann des Besitzes geben, (übertragen:) identifizieren, LS. 47; Rib. 37,1 (v. *tertius*).

intralia Eingeweide Gl. 1,97.

involare Def. 1, *imbulare* LS. 6,1 stehlen, wegnehmen.

iosu Mul. 593; *iossu* Diosc. XI, 42, 11 = *deorsum; purgare iuso* Or. IV, 40 durch den Darm abstoßen.

iotta Brühe Comp. D 14.

jovia Donnerstag Or. IX, 61.

ipse ‖ *ipsuius* = *ipsius* I. 48; *ipseius* = *ipsius* fem. I. 43. Als Vorstufe des Artikels: *ipsa cuppa* LS. (Par.).

ipsimus Hausherr (im Munde der Sklaven) Petr. 76,1.

irabis = *ire habes* s. S. 57, Anm. 3.

ireus = *ireos*, Gen. von *iris* Or. IX, 5.

isatis Waid Or. VII, 1.

iscola = *schola* I. 22.

isiciolum etwas Wurst Ap. V, 42.

isperare = *sperare* I. 49.

isposa = *sponsa* I. 28.

isula = *insula* I. 23.

iudex Verwalter der Domänen Cap. 3.

iudicare bewegen (einen Körperteil) Greg. 146,22.

---

[4] Nach anderer Meinung (Battisti, Meyer-Lübke, Weinrich) wäre das inschriftliche *imudavit* als *immundavit* zu lesen, was textlich wenig befriedigt. – Der Thes. L. L. (VIII, 512) nennt *imudare* unter *immutare* 'alienare'.

iugiter stets Caes. 33,33.

iumentum Pferd Mul. 47,79 u. ö.; Stute Cap. 14.

iuscellum Brühe Anth. 4,65.

iuso s. *iosu.*

ivorgius = *eboreus* Gl. 1,68.

la = *illa* LS. (Par.).

lac fem. Or. IV, 40; *lacte* = *lac* Pl. 20; Ap. IV, 2,13; Gl. 3,3 und 6,5.

lacticulosus Muttersöhnchen Petr. 57,1.

laecasin = griech. Inf. *laikazein* ‖ *frigori* – *dico* je m'en fous du froid Petr. 42,1.

lantea = *lancea* Gl. 3,10.

lapsus = *labsus* AP. 44.

laredum = *laridum, lardum* Anth. 14.

lasanum Nachtgeschirr Petr. 41,9.

laticlavius dem Senator zustehend (*clavus latus* breiterer Goldstreifen) Petr. 76,1.

leborem = *leporem* LS. 30,5.

lectarium Bettdecke Cap. 42.

leha (germ.) Wildschwein Cap. 40.

lenteum = *linteum* Gl. 2,11.

lenticula Linsenbrei, Brei[5] Patr. V, 4,59; Ap. V, 2,2.

lenticlaria Linsenfeld LS. 27,7.

leucanthemon Kamille Diosc. X, 438,5.

leudes, leudi (germ.) freie Männer 259,28.

leviare erleichtern Or. I, 18.

libanotis Rosmarin Diosc. X, 411,3.

libanum Weihrauch Or. VII, 1.

libes = *libens* I. 35.

liduna ‖ *luna* – abnehmender Mond Marc. XVI, 101.

ligusticum Liebstöckel Ap. IV, 2,13.

linciolum = *linteolum* Gl. 1,36.

lis = franz. *les* LS. (Par.).

lisca (germ.) Riedgras Gl. 1,23.

lithulcus chirurgisches Instrument z. Herausholen der Steine Mul. 228.

lo (Art.) = *illum* LS. (Par.).

loco dort Per. 70,16.

longao = *longabo* Art Wurst Ap. IV, 2,13.

lubellum Knäuel Et. XIX, 29.

lucanica geräucherte Wurst Ap. IV, 2,13 und V, 4,2.

luciculia Leuchtwurm Gl. 2,30.

lulacin (spätgriech.) Indigo Comp. D 14.

luna ‖ *lunae quintae circulus* Greg. 146,22.

lunae ‖ *dies lunae* Montag Caes. 744,6.

luza = *lutea* Färbekraut, Wau Comp. D 14.

machalum Getreidespeicher LS. 16,3.

machilla Verkaufsstand, Sklavenmarkt Petr. 74,13.

macio (germ.) Et. XIX, 8; Gl. 1,39; *matio* Gl. 1,67 Maurer.

malagma erweichender Umschlag Mul. 47.

mallare vor Gericht laden LS. 16,1.

malomellum Quitte Et. XVII, 7,5.

mallus Gericht LS. 47.

mamma v. *tata* (Anm.).

manaces Drohungen Gl. 1,81.

manatiat er droht Gl. 1,14.

manducare essen Patr. V, 4,59; Anth. 21; Gl. 1,71.

maris = *mare* I. 12; *mare* fem. Fred. 84,14; *filius* maris hartherziger, gemeiner Mensch Def. 8.

masca Hexe Roth. 197.

masclus = *masculus* AP. 2.

massa Landgut Gl. 6,24.

mastus (germ.) Mastbaum Gl. 1,54.

matio s. *macio.*

matra, mattra Backtrog Gl. 2,33.

matrea Stiefmutter Gl. 6,25.

mattus = *stultus* Gl. 6,22.

matus dumm Petr. 41,9.

matutinos consummare das Morgenoffizium verrichten Greg. 685,3.

---

[5] Vgl. bei Celsus *lenticulae cum melle farina* (5, 27, 13), *imponitur lenticula ex melle* (5, 28, 11).

mavoluit = maluit Petr. 77,4.
mecon Mohn Diosc. XI, 31,14.
meconium Mohnsaft Diosc. XI, 31,14.
medacia = mendacia Carm. 6.
medus (germ.) Met Anth. 76; Cap. 34.
melancholicus schwarzgallig Anth. 50.
melanthius Schwarzkümmel Or. IX, 5.
melinus = mellinus honiggelb Diosc. X, 438,5 und XI, 59,21.
melior der beste Pall. I, 37,6.
menus = minus I. 16.
mercatum Markt Gl. 1,70.
merila = medilla (medulla) Mark Def. 2.
meris (měrís) Annex eines Grundstückes (s. Thes. Ling. Lat.) Alim. IV, 39; VII, 15.
merum = vinum Carm. 6.
mesis = mensis I. 69; *meserum* I. 68, *mesoru* I. 19 = *mensium* (Analogie nach *annorum*).
mesus (griech.) halb, mittel Or. I, 17; II, 1.
metatus = mansio Gl. 6,26.
milex = miles AP. 10.
milimindrum Bilsenkraut Et. XVII, 9,41.
minare treiben, führen Gl. 6,12.
mittere hineintun Ap. V, 2,2; Anth. 90; Patr. V, 4,59; *mittere crimen* ein Unrecht zufügen Roth. 164, 213, 345 u. ö.
modola (germ.?) Eiche Roth. 300.
moratum Maulbeergetränk Cap. 34.
mordridus (germ.) ermordet Rib. 16.
morion Alraunwurzel Diosc. XI, 42,11.
mulus (germ.) Maulwurf Gl. I, 81.
murteus fuchsrot Mul. 960.
mundius Schutz, Obhut Roth. 197.
murta = myrta AP. 42.
mustio kleine Fliege Et. XII, 8.
mutuscus ganz stumm Def. 7.
myocephalus mit einer Augenentzündung behaftet Mul. 79.

nam aber, doch Anth. 75; Fred. 79,9 u. ö.
napina Rübenfeld LS. 27,7.
nata res (Pron. indef.) Pl. 23; *natus nemo* Pl. 24.
negare = necare ertränken Fred. 100,23.
nepotula kleines Enkelkind Carm. 7.
nepta Gl. 2,20; *neptia* I. 14; Gl. 4,2 Enkelkind.
neum = naevum Gl. 5,7.
niusaltus Pökelfleisch (?) Cap. 34.
nixa Art Pflaume Et. XVII, 7,10.
norus = nurus I. 41.
nomina (= griech. *onómata*) Köpfe, Personen Patr. VI, 2,8.
nura = nurus I. 30, AP. 36.
nustertius = nudiustertius Gl. 2,18.

obbripilatio = horripilatio Schrecken, Schrecktraum Def. 8.
occansio = occasio AP. 28.
oclata = menaluros (= *melanuros*) Meerbrasse Gl. 3,6.
oclus = oculus Def. 2; AP. 26.
odocos (gall.) Niederholunder Marc. VII, 13.
olca Obstgarten, franz. *ouche* Greg. 795,3.
oleus = oleum Or. II, 1.
oli = olim AP. 49.
onos (griech.) Kellerassel Or. IX, 5.
opus nostrum unser Interesse Cap. 1.
oricla = auricula AP. 23.
ortum Gemüse Cap. 3.
osanna Palmsonntag Cap. 28.
ossum, ossus Knochen Diosc. X, 190,1; Mul. 691.
ostare abhalten, wehren, hindern LS. 31,1; Rib. 80[6].
ostracus Steinfußboden Et. XV, 8.
osteum = ostium AP. 17.
ostis Rib. 66; LS. 63,1 Heer.
ostrea fem. Auster Serv. 493,20.
ostreum Auster Serv. 493,20.
oum = ovum Prob. 113,20.

---

[6] Vgl. bei Commodian: *Induite vestes quas oportet, frigus ut ostent* (II, 18,15).

ovicula Schaf I. 36.

oxyporium eine die Verdauung fördernde Arznei Marc. XX, 126.

oze = *hodie* I. 37.

paenulum = *paenula* Kapuze Def. 1.

pallachana (cepa) Schnittlauch Ap. IV, 2,25.

panarium Brotkorb Pap. 2.

panucla Pustel Gl. 2,22 und 2,23.

papa Bischof Hym. 2,23.

pappa v. *tata* (Anm.).

parare auswendig lernen Caes. 33,33.

parbulus = *parvulus* I. 39.

parcellides die kleineren Knochen neben dem Schienbein Mul. 593.

partenion (griech.) Jungfernkraut Diosc. X, 438,5.

partes ‖ *decem partes dicit* er dividiert mit zehn Petr. 75,1.

pasmus Krampf Marc. XX, 115.

pataracinum großer Pokal Petr. 41,9.

paupera = *pauper* fem. AP. 13; Prob. 83,17.

pectinis = *pecten* AP. 8.

peculium Vieh, Viehbesitz Roth. 310.

peduclus (= *peduculus*) = *pediculus* Laus Petr. 57,1.

perexire vollständig hinausgehen Anth. 75.

peroccidere vernichten Def. 8.

pertusium Loch Gl. 1,30.

pervomere völlig erbrechen Or. I, 18.

pesclum = *pessulum* Gl. 6,9.

pessica = *persica* AP. 34.

pestulus = *pessulus* Riegel Gl. 2,25.

petalum Metallblatt Comp. L 12.

peuma = *pegma* (griech.) AP. 25.

piceus Rottanne Or. VII, 1.

pisinnus klein I. 63; Per. 52,8; AP. 33.

pislum = *pensile* heizbare Stube Cap. 49.

pissaria Erbsenfeld LS. 27,7.

pitinnus klein I. 64.

placia = *platea* Gl. 3,8.

plecare = *plicare* refl. gelangen Per. 38,11.

plorare weinen Patr. VI, 2,8; Gl. I, 80.

plovum (germ.) Pflug Roth. 288.

plumatium Federkissen Cap. 42.

plus steigernd, *plus fuscum* Comp. G 29.

pluvia Regen Gl. 1,24; 2,17; 4,4.

poledrus Füllen Cap. 14.

polimitus bunt gewebt Pap. 1.

pomum Apfel Gl. 5,7.

ponere setzen, pflanzen Pall. III, 25.

por = *pro* I. 61.

porcacla = *portulaca* Or. VII, 6; Gl. 2,29.

porcillago Portulak Or. VII, 6.

posit = *posuit* I. 72.

posteac = *postea* I. 76.

posticius Hintertür I. 32.

praefocare ersticken Def. 8.

praetersclupare vorbeischießen LS. 17,2.

prasinus (griech.) grün Comp. D 14.

presus = *prehensus* Carm. 9.

previter = *presbyter* I. 79.

pristinarius = *pistrinarius* Def. 8.

probai = *probavi* Prob. 160,14.

proina = *pruina* Reif Greg. 283,12.

psallare = *psallere* Ep. 2,15.

pudore = *putore* Ep. 2,20.

puleium Polei, Art Minze Ap. V, 22.

pupa = *puella* I. 77.

purgamentum Auswurf, Dreckfink Petr. 74,8.

qua = *quia* Carm. 2.

quaccola Wachtel Gl. 1,56.

quam (nach *deorsum*) als Mul. 593.

quare denn I. 8 und 42.

quarranta = *quadraginta* I. 56.

quator = *quattuor* I. 19 und 48.

quescere = *quiescere* I. 4.

quia daß Caes. 520,3; Patr. VI, 2,6.

quiatus = *cyathus* Becher, kleines Maß Diosc. XI, 31,14.

quomodo = *cum* als Fred. 65,7.

quondam (condam) weiland, verstorben I. 40; Pap. 1.

racemus Weintraube Gl. I, 64.

raphanelaeum Rüböl, Leinöl Patr. V, 4,59.

ravistellus(gravastellus) Graukopf (?) Pl. 28.

refragare sich widersetzen Rib. 61,18.

refricdare erkalten Comp. D 14.

remittere zurücklassen I. 17.

repraeensio = *reprehensio* Genesung Def. 8.

retorta Rutenband Rib. 47.

rias = *roias* Mohn Diosc. XI, 31,14.

ricinus Hundezecke Petr. 57,1.

ridiclei (= *ridicli*) = *ridiculi* Petr. 57,1.

ritus ‖ *sine ritu* ohne Gewohnheit, ohne Bewußtsein Def. 7.

rius = *rivus* AP. 39.

rosa (germ.) = *arundo* Rohr Gl. 1,60.

rosus Nagen, Reißen Marc. XXVIII, 16.

rotore ‖ *in* — um herum (span. *alrededor*, älter *de redor*) Ep. 2,18.

rufeus = *rufus* Mul. 960.

runcilio Art Hippe, it. *ronciglione* Pap. 1.

rurex s. *surex*.

sablo = *sabulo* Sand Gl. 5,4; 6,27.

sagellum Mäntelchen Pap. 2.

saio Gerichtsvollzieher, Büttel Et. X, 263.

sala (germ.) Wohnung Roth. 133.

sale Gl. 2,27 und 3,2, *salis* Anth. 4; *salem* Acc. Or. I, 7 Salz.

salma = *sagma* Et. XX, 16.

salvaticus = *silvaticus* Anth. 86; Gl. 1,41 und 1,58.

sane (mit Neg.) gar nicht Petr. 42,1.

saplutus = griech. *záplutos* sehr reich Petr. 37,1.

sarica = it. dial. *sárica* Art Joppe, Jackett Pap. 1.

saucus, savucus = *sa(m)bucus* Greg. 146,22.

scabro Hornisse Gl. 1,28; 6,28.

scala Schale, Becher Et. XX, 5.

scamara Räuber[7] Roth. 5.

scancio (scantio) Mundschenk (germ.) LS. (Par.); Gl. 1,86.

scaplae = *scapulae* Def. 2.

scara (germ.) Schar Fred. 158,13.

scelus viri = franz. *scélérat d'homme* Pl. 15.

scorceus = *scorteus* aus Leder G. 2,36.

scramasaxus Art Schwert Greg. 186,3.

screona unterirdischer Wohnraum Cap. 49.

scriniolum kleiner Schrank Gl. 6,23

scripulum etwa ein Gramm Ap. IV, 2,4.

scudicia Grabscheit Et. XIX, 14,7.

sculca (germ.) Wache, Wachtposten Roth. 21.

se = *si* LS. (Par.).

sebe = *sibi* I. 51.

secla = *situla* Eimer Or. IX, 5.

sedere verweilen Per. 43,4.

seo et = *(seu) et* Fred. 46,10.

sepis = *saepis* Zaun Rib. 47.

seplasium seplasische Salbe (aus Capua) Petr. 76,1.

sera Abend Per. 39,4.

serbus = *servus* I. 50.

serraculum Schloß Gl. 6,19.

serralia gezackter Lattich Et. XVII, 10,11.

serum Abend Diosc. XI, 59,21; Gl. 5,11.

sessorium Schlupfwinkel, Höhle, Nest Petr. 77,4.

seus = *suus* I. 80.

sexagensimum Matth. 13,8 (It.), *sexacensimum* Matth. 13,8 (Afr.). = *sexagesimum*.

sfondilium, spondilium = griech. *sphondylion* Bärenklau Diosc. IX, 5 und X, 411,3.

---

[7] Vgl. bei Eugippius, Vita S. Sever. 10,2: *latrones quos vulgus scamaras appellabat.*

shalom (in hebr. Schrift) = *in pacem* I. 81.

sic = *si* Rib. 37,1.

siccamen gedörrtes Fleisch Cap. 43.

sicedula = *ficedula* Feigenschnepfe Gl. 2,31.

sifilus = *sibilus* AP. 40.

sigusius canis Spürhund LS. 6,1.

siliqua eine niedrige Münze Pap. 2.

simela = *simila* feines Weizenmehl Anth. 82.

simulare = *similare* Ep. 2,22.

simin = *semen* Or. IX, 5.

simus = *sumus* I. 42.

singulare Wildeber Cap. 40.

sinnu = *signum* Tab. 2.

sitecia = *psitacia*, d. h. *pistacia* Tabl. 1.

sitrus Nieswurz Anth. 25; Gl. 6,21.

snaida (germ.) Einschnitt, Kerbe. Roth. 241.

so = *sum* s. *su*.

soca (soga) Seil Pap. 1; Roth. 291.

socera Schwiegermutter Gl. 6,29.

socerio Schwiegervater I. 14.

socra Schwiegermutter AP. 37.

solaciare Genugtuung geben Roth. 24.

soma = *sagma* Gl. 1,32.

sorcerus = *sortilegus* Gl. 1,89.

spanus hellrot Mul. 960 (s. M. L. Wagner, Glotta 8,235).

sparniare (germ.) sparen Gl. 1,82.

spaumus = *spasmus* Krampf Mul. 986.

specialis eigentlich Per. 39,4.

speclum = *speculum* AP. 1.

spervarius Sperber Cap. 36.

spicarium Kornspeicher Gl. 1,21; LS. 16,3.

spidus (germ.) Bratspieß Gl. 1,43.

spinea Dornpflanze Matth. 13,7 (Afr.).

spondilium s. *sfondilium*.

staminata ‖ *staminatas* (sc. *potiones*)

duxi ich habe tüchtig in die Kehle gegossen Petr. 41,9.

statuale Stellnetz LS. 27,21.

staubo = *staupo* (germ.) Becher LS. (Par.).

stela (v. l.) = *stella* Greg. 146,22.

stentinus = *intestinus* Mul. 399.

stercorarius Mistkerl Carm. 9.

sterteia Schnarchliese Petr. 75,1.

stivum = *aestivum* Sommer Anth. 50.

stolpus = *stloppus* Marc. XXVIII, 16 Schlag, Klaps; oder = *vas rotundum* (s. Corp. gloss. lat. V, 624,12)?

stragulum Decke Pap. 1.

strata gepflasterte Straße Caes. 617, 19.

stria = *striga* Hexe LS. 64,2.

sturninus staargrau Mul. 960.

su = *sum*[8] Carm. 8; so I. 83.

subala Achselhöhle Mul. 399.

subaudire darunter verstehen, in Gedanken ergänzen Gl. 6,10.

subgluttire den Schlucken haben Or. VI, 42.

subgluttius = *singultus* Schlucken Or. VI, 42.

subindius Gl. 6,15; *suventium* Comp. L 12 u. öfters.

suflare = *flare* Gl. 1,25.

suggluttium Gl. 6,7 s. *subgluttius*.

sulcia gesülztes Fleisch Cap. 34.

suppa Weinsuppe LS. (Par.).

surex = *sorex, sorix, saurix* Art Eule Gl. 5,2 und 6,17.

suriaca Bohnenschote Gl. 3,4.

susum = *sursum* Petr. 77,4 im oberen Stockwerk.

suventium s. *subindius*.

sykanles = *sykallis* Feigenschnepfe. Gl. 2,31.

tabla = *tabula* AP. 30.

taliare schneiden Gl. 1,40 und 1,90.

---

[8] Vgl. in einem anderen Carm. epigr.: ... *nomen si quaeris Julia bocata so* ... (Bücheler 1874, 2; Diehl, Inscr. Lat. christ. 1537).

taliola Tierfalle, Fangeisen Roth. 310.
taradrum Bohrer Cap. 42.
tata Vater I. 57.[9]

telebra = *terebra* AP. 29.
tenire = *tenere* Or. VIII, 12.
tertius ‖ *in tertiam manum mittere* in die dritte Hand geben (v. *intertiare*) LS. 47.
tesina, tisana = *ptisana* Anth. 64.
testa Kopf Gl. 6,30.
teula = *tegula* Gl. 1,38.
thermospodium Glutasche Ap. IV, 2,4.
thraecium thrazisches Kleid Petr. 75,1.
ticlatura Markierung mit Kerben Roth. 241.
tincticius gefärbt Pap. 2.
tinctum Farbe Comp. A 14.
tintinabulum = *tintinaculum* AP. 46.
tollere nehmen Comp. D 14.
topanta (griech. *ta panta*) das Ein und Alles Petr. 37,1.
tortio Leibgrimmen, Kolik Def. 8.
toti = *omnes* Caes. 233,30.
toxigatus vergiftet LS. 17,2.
tracomaticus das Trachom heilend Diosc. X, 190,1.
tramosiricus halbseiden Pap. 1.
trapa Schlinge, Falle, Hinterlist Ep. 2,15.
trasit = *transiit* I. 56.
traucus Loch Rib. 47.
travis (germ.) Zelt Gl. 1,84.
tremaclis dreimaschiges Netz LS. 27, 21.
tremissis ein drittel As Roth. 300.
tribulus Burzeldorn (Tribulus terrestris) Caes. 272,23.
tricensimum = *tricesimum* Matth. 13,9 (It.).
tricoscinare sieben Or. I, 17.

trienta = *triginta* I. 54.
trifilus (griech.) Klee Or. II, 1.
tripolion Art Meeraster Diosc. XI, 59,21.
trustis Schar, Gefolge, LS. 63,1.
tubisculum kleine Beule, Geschwulst Mul. 593.
tudiclare (*tutunclare*) stampfen Ap. V, 22.
tumum = *thymum* AP. 41.

umlicus = *umbilicus* Def. 2.
uncis = *ungues* Def. 2.
unctum Schweinefett Anth. 21.
unde ‖ *unde liberare* um zu befreien Caes. 33,33; *qui habet unde* wer Besitz hat Caes. 86,15.[10]
unus ‖ *in uno* zusammen PS. XXI.
uvisdele (got.) Waid Or. VII, 1.

vacantia = *officia* Gl. 6,6.
vaiulus = *baiulus* Gl. 6,4.
valneae = *balneae* Bad Def. 8.
vaqua = *vacua* AP. 5.
varatrum Nieswurz Anth. 25.
varulus Gerstenkorn im Auge Marc. VIII, 190.
vasus fictilis Tongefäß, blöder Topf Petr. 57,1.
veclus = *vetulus* AP. 3.
vedis = *vendis* Carm. 6.
velle ‖ *bene vult tibi* = it. *ti vuol bene* Pl. 25; *male mihi volunt* Pl. 26.
vermiclus scharlachrot Fred. 130,19.
vertevolum Fischreuse LS. 27,21.
vestiarius Kleidermacher Petr. 41,9.
vetula = *anus* Gl. 1,7.
vinia = *vinea* AP. 16.
vininum = *venenum* Greg. 186,3.
vinti = *viginti* I. 38.
vinus = *vinum* Petr. 41,9.
virdis = *viridis* AP. 43.
viscum = *viscus* Prob. 125,5.

---

[9] Vgl. in der römischen Kindersprache: *cum cibum ac potionem buas ac pappas vocent, et matrem mammam, patrem tatam* (Varro, ap. Nonius p. 81).
[10] Cfr. in den Reichenauer Glossen 2734 *calamus: penna unde litteras scribuntur.*

vissica = *vesica* Or. VII, 6.
visumarus (gall.) Klee Marc. III, 9.
vitiosior = *callidior* Gl. 1,1.
vitrium Glasplatte Comp. A. 14.
vivus frisch Mul. 957.
vobes = *boves* Gl. 6.
volatile Vogel Matth. 13,4 (It.).
voluntarie gern Gl. 1,14.
vomica Erbrechung Or. I, 18.
vomire = *vomere* Or. I, 18.
voscum = *vobiscum* AP. 48.

wadius (germ.) Pfand Gl. 1,27.
wapces Hornissen Gl. 1,28.
waranio Hengst LS. 38,2 (Anm.);
Cap. 13.

weregeldus Wergeld Rib. 66.

ysopus Ysop Or. IX, 5.

zabulus = *diabolus* Gl. 4,9.
zanca (pers.) Schuh Gl. 6,18.
zanzala (cfr. Corp. gloss. V, 526,1
zinzala) Stechfliege, it. *zanzara*
Diosc. X, 204.
zebus = *diebus* I. 58.
zelare heftig lieben Hym. 2,23.
zippula Art Honiggebäck Patr. V,
4,59 (vgl. neap. *zéppola* id.).
zizania Matth. 13,25, *zozania* Matth.
13,27 (It.) Lolch, Ackerunkraut.
zozania s. *zizania*.

B. Index nominum[1]

Acerushius = *Acherusius lacus* Küstensee bei Cumae Def. 6.
Acitodunum Peut. 5.
Aconianum Alim. IV, 41.
Aculla Cogn. 2.
Acutilla Cogn. 2; Sup. 9.
Adeodatus Cogn. 1 und 2.
Aequinoctio Peut. 7.
Aethiops Aethiopier, Schwarzer, Teufel Patr. V, 15,29.
Agria Name einer alten Frau I. 3.
Agustus Monat August I. 64.
Albentimillo Peut. 3.
Albingauno Peut. 3.
Alimbeu afrikanischer Dämon Def. 2.
Amantia Sup. 29.
Ancharianum Alim. IV, 41.
Apicianus nach Apicius benannt Ap.
V, 4,2.
Apicla Cogn. 1.
Aquinco Peut. 7.
Aquis Calidis Peut. 5.
Aquis Sestis Peut. 2.
Arbuscla Cogn. 1.
Argutio Name eines Knaben I. 64.

Aridius, Name eines Weisen Fred.
100,23.
Arruntianum Alim. III, 98.
Aris Flavis Peut. 6.
Arverni Einwohner der Stadt Arverna (Clermont-Ferrand) Greg.
685,3.
Arvernus Clermont-Ferrand Greg.
146,22.
Ascla Cogn. 1 und 2.
Ascyltos Petr. 57,1.
Asella, Gen. *Aselles*, Name einer
Frau Def. 8.
Asellus Sup. 13.
Asilba (ad Silvam?) Prok.
Ataecina Proserpina Turibrigensis
Göttin, die in der Stadt Turibriga
(südl. Spanien) verehrt wurde
Def. 1.
Atiliacus Cogn. 2.
Atilianus Cogn. 2.
Augustis Peut. 7.
Augustonemeto Peut. 5.
Auriliana Prok.
Aurilianis Orléans Fred. 130,19.

---

[1] Hier sind aufgenommen nur diejenigen Eigennamen, die sachlich einer Erklärung bedürfen oder sprachgeschichtliche Bedeutung haben.

Ausitis das Land Hus, Heimat Hiobs
Per. 55,19.

Bachachych afrikanischer Dämon
Def. 6.
Badiolus Cogn. 3.
Balentina I. 74.
Bassilla Cogn. 2.
Beneris = *Veneris* I. 74.
Bernaclus Cogn. 1.
Bertoaldus dux Saxonum Fred. 130,
19.
Beteris Peut. 2.
Bia Prok.
Bictoria Cogn. 1.
Biktoriana Prok.
Biricianis Peut. 6.
Blaboriaco Peut. 6.
Blattia Cogn. 3.
Bolodurum s. *Castellum* B.
Bredas Prok.
Brigantio Peut. 7.
Brixianus Cogn. 2.
Brunichildis Gemahlin des Sigibertus
Greg. 186,3.
Buccelenus fränkischer Feldherr Greg.
146,22.
Buttin (= griech. *bouttion* 'Fässchen')
27.
Buturarius Cogn. 1.

Cabardiacum Alim. II, 65.
Cabillione Peut. 5.
Cabotumba Prok.
Calcedon Stadt gegenüber von Konstantinopel Per. 70,16; Fred. 85,27.
Calonymos Sup. 38.
Cambete Peut. 5.
Canpesis Domitius I. 62.
Cardelus Sup. 18.
Cardilliacus Cogn. 2.
Carpitania Provinz Greg. 283,12.
Carrufanianum Alim. VI, 44.
Casibonon Prok.
Cassicia I. 21.
Castellobretara Prok.

Castellonovo Prok.
Castellum Bolodurum Peut. 6.
Castulone Peut. 1.
Catla Cogn. 1.
Caturniacum Alim. II, 93.
Caturnianum Alim. I, 83.
Celliriana Prok.
Cemuana s. *Cinniana.*
Centum Cellis Peut. 3.
Cercia Cogn. 3.
Cervia Cogn. 3.
Cesiana Prok.
Charra (Charran, Haran) Stadt in
Mesopotamien Per. 65,5.
Childebertus fränkischer König Greg.
186,3.
Chilpericus, Bruder des Gundobadus
Fred. 100,23.
Chlodoveus = *Chlodovecus* Fred.
100,23 und 259,28.
Chlotarius, Chlotharius, Chlothacharius Greg. 146,22 und 186,33 König der Franken.
Chlotechildis Tochter des Burgundenkönigs Chilperich Fred. 100,23.
Chramnus Sohn des Chlotharius
Greg. 146,22.
Cimoleus von der Insel Kimolos
Mul. 47.
Cinnamis Name einer Frau I. 3.
Cinniana (Cemuana) Fluß Cinyana[2]
Peut. 1.

Claudia Vindemia I. 2.
Cleisura Prok.
Clementiana Prok.
Clevora Peut. 7.
Cobuldeo Sup. 39 (Anm.).
Coddeus Sup. 39.
Codollagomor = *Chodorlahomor*
König von Elam zur Zeit Abrahams Per. 57,12.
Codratus = *Quadratus* I. 82.
Collacterianum Alim. I, 33.
Columbeu afrikanischer Dämon
Def. 4.

---

[2] Bei Miller, S. 182 fälschlich *Cingana*.

Confluentibus Peut. 7.
Constantiana Prok.
Corico Stadt in Isauria Per. 69,14.
Cornaco Peut. 7.
Cosaciacus Cogn. 2.
Cosidius, -ia I. 57.
Costa Bellene Peut. 3.
Cresces = Crescens I. 41; Cogn. 1.
Crossiliacum Alim. I, 58.
Cumarkiana Prok.

Dagobertus König der Franken Fred. 158,13.
Dafine I. 57.
Dama Tischgenosse des Trimalchio Petr. 41,9.
Daphinidis Cogn. 1.
Daphinis Cogn. 2.
Dasumia Cogn. 3.
Decasius Cogn. 1.
Ad Decimum Peut. 1.
Deoniana Prok.
Depusinna Cogn. 1.
Deusduna = Deusdonat I. 40.
Dominus I. 36: hier = Gott Saturn.
Domnula Cogn. 1 und 2.
Donata Name einer Frau Tabl. 1.
Donatianis Peut. 7.
Donnus Cogn. 2.
Drimylus (griech. Drimylos) Sup. 30.
Droctebodes I. 54.
Dubitatius Cogn. 2.
Duiana Prok.
Durbuliana Prok.

Enon Ort bei Salem in Palästina Per. 57,12.
Epomanduo Peut. 5.
Eutychiana Prok.
Eutychianus I. 52.
Extricatinus Cogn. 1.

Fabiola Cogn. 1.
Fabucia Cogn. 1.
Faran (Pharan) Wüste in Arabien Per. 38,11.
Fato (illyr.) Sup. 8.
Faustilla Def. 3.

Febrarius I. 39.
Felicitas Def. 6.
Felicla Cogn. 1.
Felicula I. 21.
Fidencius I. 52.
Ad Figlinas Peut. 3.
Fines Peut. 1 und 5; ad Fines Peut. 3.
Flaccilla Cogn. 1.
Ad Flexum Peut. 7.
Florentiana Prok.
Formis Peut. 4.
Foro Julii Peut. 2.
Foro Voconi Peut. 2.
Fossatum Prok.
Fossis Papirianis Peut. 3.
Francio Fred. 46,4.
Frantia = Gallia Gl. 1,74.
Fredegundis, regina Francorum Greg. 186,3.
Frodebertus = Chrodebertus Ep. 1,1.
Fufidius I. 41.
Furnia Name einer Frau I. 46.

Gaioseia = Gaia Seia Frau So und So Marc. XXI, 2.
Galliae Greg. 283,12 Gallien.
Gallitta Cogn. 1.
Gardellaca Peut. 7.
Garfanius I. 44.
Gargilius I. 27.
Garivaldus dux Greg. 146,22.
Gemellomontes Prok.
Gemenello Peut. 3.
Geminus Sup. 35.
Gentianon Prok.
Genzana Prok.
Gerulatis Peut. 7.
Gesilafossatum Prok.
Graecanasium Alim. III, 26.
Gravisca Peut. 3.
Grinarione Peut. 6.
Guderit Name eines Freigelassenen Pap. 1.
Gundeberga Sup. 28.
Gundobadus König der Burgunder Fred. 100,23.
Guntamundus König der Vandalen Tabl. 1.

Gusura (afrik.) Sup. 20.
Gutulus Sup. 14.

Habinnas Petr. 75,1.
Hasta Peut. 3.
Herclanium Peut. 4.
Herculens = *Hercules* AP. 7.
Hercules Irsitis I. 35, *Hercules* I. 36.
Hisauria = *Isauria* Landschaft in Kleinasien Per. 69,14.
Ad Horrea Peut. 2.

Iciniaco Peut. 6.
Illiberre Peut. 1.
Inbenta I. 57.
Iovo (Dat.) I. 36.
Ispartacus = *Spartacus* I. 44.
Ispenica = *Spenica* Cogn. 1.
Ispesina Cogn. 1.
Istercoria Name einer Frau I. 10.
Isthefanus Cogn. 1.
Janarius I. 31; Cogn. 1.
Jekri afrikanischer Dämon Def. 6.
Jenuarius Cogn. 2.
Job Hiob Caes. 520,3.
Josimus = *Zosimus* I. 65.
Julioballe Prok.
Juliomago Peut. 6.
Juncaria Peut. 1.
Juniane Beiname einer Frau I. 34.

K s. unter *C*.

Ad Labores Peut. 7.
Ad Lacum Aprilem Peut. 3.
Laidobrannus = *Laidobrandus* LS. (Par.).
Lamponiana Prok.
Landericus maior domus Fred. 130, 19.
Lascius I. 42.
Letina = *Laetina* Sup. 1.
Libias (= *Livias*) Stadt im Jordantal Per. 52,8.
Longiana Prok.
Longobardia Gl. 1,33.
Loposagio Peut. 5.
Lucretianus nach Lucretius benannt Ap. IV, 2,25.

Lucrina Gegend am Lacus Lucrinus (bei Pozzuoli) Carm. 8.
Lupophantana Prok.
Ad Lunam Peut. 6.

Macarius Abt Patr. VI, 2,6.
Maccal (afrik.) Sup. 23.
Macia Severina Schwester des Macius Severinus I. 51.
Magancia = *Magontia* Mainz Fred. 158,13.
Maiorica Cogn. 1.
Malcius servus aut filius Niconae Def. 2.
Ad Malum Peut. 7.
Mancianae ‖ *culturae* – = *lex Manciana*, betr. ländlichen Großgrundbesitz Tabl. 1.
Maniana Prok.
Maniliana Peut. 3.
Maria, nobilis puella It. Ant. 34.
Markelliana Prok.
Markianon Prok.
Marra Name einer Frau I. 72.
Martis Prok.
Marullina I. 41.
Masclus Cogn. 2.
Masuetus = *Mansuetus* I. 53.
Mattiacorum numerus Truppenabteilung in Concordia I. 16.
Mauroballe Prok.
Maurussus (= *Maurusius?*) Name eines Jägers Def. 6.
Medianis Peut. 6.
Megetiolus Cogn. 2.
Megetius Cogn. 2.
Memmia Cogn. 3.
Mercuriu I. 57.
Mercuris (Gen.) I. 75.
Mettis Stadt Metz Fred. 158,13.
Mindo Fluß Peut. 3.
Mininna Sup. 22.
Mininnus Sup. 32.
Minna Sup. 25.
Minorica Cogn. 1.
Ad Monilia Peut. 3.
Monna Sup. 26.
Monnula Cogn. 1.
Monteregine Prok.

Munatia I. 21.
Murena als Name eines Zeugen
    Tabl. 2.
Mustacia Cogn. 1.
Mustius Cogn. 1.
Mustulus Cogn. 1.

Nabau Berg Nebo Per. 52,8.
Narses Greg. 146,22.
Ad Navalia Peut. 3.
Neratia Marullina I. 41.
Nicaon I. 21.
Nice, Dat. Niceni Name eines Mäd-
    chens I. 69.
Nicona Name einer Frau Def. 2.
Nigrinianis Peut. 7.
Nina Cogn. 1; Nina Kosename I. 34.
Ninnos Sup. 34.
Niycherate Name einer Frau I. 7.
Nobiam Peut. 1.
Noctucit afrikanischer Dämon Def. 6.
Ad Nonas Peut. 3.
Nonnica Cogn. 1; Sup. 27.
Nonnus Cogn. 2.
Noviodum (Noviodunum) Peut. 7.
Nuceria Peut. 4.

Olexus = Ulixes Fred. 46,4.
Olympia Name einer Frau I. 12.
Onager I. 66.
Oplontis Peut. 4.
Orea Capita Peut. 1.
Orfitianus I. 68.

Panniculus Sup. 10.
Pardula I. 52.
Parietinis Peut. 1.
Parisiaga terra Ep. 1, Anm. 1.
Parisius Paris Greg. 186,3.
Parpaxin afrikanischer Dämon
    Def. 6.
Paspidianum Alim. IV, 41.
Passennianum Alim. III, 85.
Pedonianis Peut. 7.
Pervincus Cogn. 2.
Petalimbeu afrikanischer Dämon
    Def. 4.
Peticius Sup. 12.

Petrensibus Peut. 6.
Petres Prok.
Piro torto Peut. 6.
Pitzinnina Cogn. 84.
Plakidiana Prok.
Pollitta Cogn. 1.
Pomodiana Peut. 7.
Ponpeiopolis Stadt in Cilicien Per.
    69,14.
Pompeis Peut. 4.
Ponte Dubris Peut. 5.
Ad Ponte Ises Peut. 6.
Populonio Peut. 3.
Porforus I. 75.
Portugale Fred. 75,23.
Pottus (franz. pot) Sup. 33.
Praese(n)ticius Name eines Bäckers
    Def. 8.
Praetorium Peut. 1.
Primiana Prok.
Primilla Cogn. 2.
Primoniana Prok.
Priniana Prok.
Proberentius I. 40.
Probilla I. 9.
Procla = Procula Name einer Frau
    I. 19.
Proiectus Name eines Sklaven Pap.
    1.
Punicum Peut. 3 und 7.
Pusinna Name einer Frau I. 29;
    Cogn. 2 und 3; Sup. 19.
Puteolis Peut. 4.
Pyrgos Peut. 3.

Quadratianus Tabl. 2.
Quartilla Cogn. 1.
Quetus Sup. 14.
Quietianus I. 38.
Quintianis Peut. 6.
Quintu Prok.
Quiriace = Cyriace (Dat. Quiria-
    ceni) Name eines Mädchens I. 68.
Quodvultdeus Sup. 39 (Anm.).

Ranihilda Sklavin Pap. 1.
Reburrus Cogn. 3.
Reburrinus Cogn. 3.
Regino Peut. 6.

Remetodia Peut. 7.
Rhotomaginsis (urbs) = *Rotomagus* Rouen Greg. 186,33.
Rodios I. 47.
Rofina Name einer Frau I. 48.
Romulianus I. 15.
Romyliana Prok.
Rotasius Cogn. 1.
Rufa Name einer Frau I. 8.
Rufina Name einer Frau I. 43.

Sabanas Sup. 10.
Sabidius I. 57.
Salem Ort in Palästina Per. 57,12.
Saltis Peut. 1.
Saltum Peut. 1.
Samulocenis Peut. 6.
Saponius Sup. 17.
Sassa (afrik.) Sup. 15.
Saturius Cogn. 2.
Saturnus Caes. 744,6.
Saumina Cogn. 1.
Scantiniacum Alim. IV, 45.
Scaurus Gast des Trim. Petr. 77,4.
Ad Scrofulas Peut. 7.
Scrofulianum Alim. V, 89.
Sculcoburgo Prok.
Scythes Skyte, Land der Skyten Patr. VI, 2,6 und VI, 2,8.
Semptember = *September* I. 16.
Septekasai Prok.
Septemiaci Peut. 6.
Serpullius Sup. 7.
Servioduro Peut. 6.
Sextatione Peut. 2.
Siklai Prok.
Singiduno Peut. 7.
Sisois Abt Patr. VI, 2,8.
Sitillia Peut. 5.
Sittia Veneria I. 34.
Ad Solaria Peut. 3; *Solaria* Peut. 1.
Spanius Sup. 24.
Spelonca Prok.
Stantacum Alim. VI, 95.
Stenecorta Prok.
Stephaniakon Prok.
Sterceius Sup. 31.
Ad Stoma Peut. 7.

Strateburgum Strassburg Greg. 391,8 u. 433,22.
Suavulva afrikanische Frau Def. 4.
Sura Cogn. 3.
Susulla Cogn. 3.
Sygibertus = *Sigibertus* König der Franken Greg. 186,3.

Ad Taberna Frigida Peut. 3.
Tartara Unterwelt Def. 9.
Tauriana Peut. 4.
Tauromenio Peut. 4.
Tauruno Peut. 7.
Tegulicio Peut. 7.
Telus = *Tellus* I. 36.
Terensus = *Terentius* I. 73.
Tertiola Cogn. 3.
Testimonius Name einer Gottheit I. 36.
Teuda Cogn. 2.
Theodovaldus König der Franken Greg. 146,22.
Titullus Cogn. 3.
Titiana Prok.
Tittoburgo Peut. 7.
Transmarisca Peut. 7.
Tredeketilius Prok.
Tres Tabernas Peut. 4.
Tricornio Peut. 7.
Trigisamo Peut. 6.
Trimamio Peut. 7.
Tripeccius (gr. *trípechys*) Sup. 11.
Triskiana Prok.
Tropaea Augusti Peut. 3.
Truttedius Cogn. 3.
Tulkoburgo Prok.
Turicla = *Turricula* Prok.
Turibrigensis Def. 1 zur Stadt Turibriga (Gegend von Mérida) gehörig.
Turres Peut. 1; *ad Turrem* Peut. 2; *Turribus* Prok.
Tzita Sup. 6.
Tzitta Cogn. 2.

Urbecus Fluß Fred. 75,23.
Urbicus I. 13.
Usiana Prok.

Ustriut afrikanischer Personenname
I. 25.

Vadis Sobates Peut. 3.
Vadis Volateris Peut. 3.
Venegestus = *Benegestus* I. 79.
Vernacla Cogn. 1.
Vetonianus Peut. 6.
Vico Cuppe Peut. 7.
Viconobo Prok.
Vico Virginis Peut. 3.
Vicriana Alim. VII, 15.
Victuriacon Name eines **Landgutes**
Greg. 186,3.
Viminatio Peut. 7.
Vindimiola Prok.

In Vinias Peut. 4.
Virusius Carm. 7.
Vuldetrada, Vuldotrada Gattin des
Theodovaldus Greg. 146,22.

Winiti Wenden, Slaven Fred. 158,13.

Zabulius Cogn. 1; Sup. **21.**
Zabullus Cogn. 1.
Zanes = *Dianes* Prok.
Zanuarius = *Januarius* I. 46.
Zaplutius Cogn. 1[3].
Zodorus = *Diodorus* I, 59; Cogn. 1.
Zonisius = *Dionisius* Cogn. 1.
Zosimus I. 11; Sup. 36.
Zoticus I. 18; Cogn. 3.

---

[3] Vgl. *saplutus*, S. 81.